AF450631

LE NOUVEAU GENRE

ou

LE CAFÉ D'UN THÉATRE

COMÉDIE CRITIQUE EN UN ACTE, EN VERS

LE
NOUVEAU GENRE

OU

LE CAFÉ D'UN THÉATRE

COMÉDIE CRITIQUE EN UN ACTE, EN VERS

IMITÉE DE LEANDRO MORATIN

COMMENCÉE PAR

GÉRARD DE NERVAL

ET TERMINÉE PAR

ARTHUS FLEURY

PARIS

J. BARBRÉ, LIBRAIRE-ÉDITEUR,
12, BOULEVARD SAINT-MARTIN, 12

1860

PERSONNAGES.

EUGÈNE, auteur de la pièce nouvelle.
DORANTE, son ami.
DERCOURT.
SAINT-ANGE.
SOPHIE, sœur d'Eugène, promise à Dorante.
AUGUSTINE, ex-danseuse, femme bel-esprit.
M. DUPRÉ, assureur dramatique.
CARLIN, garçon de café.
UN HUISSIER.
UNE DAME DE COMPTOIR, CONSOMMATEURS, UN HORLOGER, TROUPE DE CLAQUEURS ET DE RECORS. } personnages muets.

La scène se passe dans le café d'un théâtre des boulevards, à Paris, vers 1827.

A MADAME

VICTORIA SILVELA DE FIGUERA

Madame,

Dans vos attrayantes réunions, qui rappellent les *Saraos*, où les plaisirs de l'esprit trouvent place à côté des accords de la musique, vous m'avez souvent donné d'excellents conseils au sujet des études que j'aimais à faire sur Cervantes, Moreto, et les auteurs qui ont illustré votre belle littérature espagnole.

Alors je ne prévoyais guère qu'une circonstance me conduirait à payer un juste tribut à l'un des plus estimables poëtes comiques de votre patrie. C'est avec une joie mêlée de crainte que je me suis hasardé à saisir l'occasion d'associer mon nom chétif au nom solide de Gérard de Nerval, afin de n'être pas seul à accomplir la tâche de reproduire dans notre langue une œuvre plus piquante par la forme qu'attachante par le fond ; seul, en un mot, à m'entendre appliquer le dicton : *traduttore traditore*. Leandro Moratin, en effet, bien qu'il ne tienne point le premier rang dans son art, n'est-il pas l'ordonnateur d'un théâtre dont l'allure indépendante avait remplacé la raison par la fécondité, depuis *la Célestine* de Fernand de Rojas, qui lui ouvrit une libre carrière, jusqu'à *la Rachel* de La Huerta, qui la ferma par une grande victoire dramatique? Le goût pur de Moratin, trop savant pour tomber dans les écarts d'imagination; la régularité, l'intrigue de ses pièces, ses caractères habilement tracés, quoique manquant de force, n'ont-ils pas exercé sur la scène castillane une influence décisive, et porté un coup mortel à cette grossière école qui, sous l'inspiration de Comella, essaya de naturaliser la comédie larmoyante comme pour servir de pendant au drame qui souvent fait rire? Fils d'un poëte en vogue, qualifié lui-même de Térence espagnol, don Leandro a su joindre l'exemple au précepte, et préparer la voie nationale dans laquelle, après lui, se sont engagés avec gloire : MM. Martinez de La Rosa, le duc de Rivas, Gil y Zarate, Gorostiza, Ventura de La Vega, Breton de Los Herreros, Rubi, etc., pléiade considérée comme le germe d'une ère littéraire qui s'annonce pour la Péninsule, et doit mettre fin aux tâtonnements produits par l'imitation servile des auteurs français, imitateurs eux-mêmes des monstruosités écloses dans le cycle des trois Philippe.

Est-il besoin, Madame, que, discourant sur l'enchaînement des choses, je m'entretienne avec vous du fait auquel Moratin dut la connaissance de votre famille? La générosité de son cœur égalant l'étendue de son esprit, il s'était chargé d'intercéder pour quelques patriotes incriminés. Sur ces entrefaites, un magistrat, aussi éclairé qu'intègre, touché de rencontrer tant d'humanité chez le poëte, lui rendit le service de le débarrasser des difficultés du procès. Chez deux hommes nés pour se comprendre, l'amitié n'est pas longue à se déclarer :

d'après la conformité de leur humeur, Manuel Silvela, votre noble père, et le célèbre Moratin virent commencer, par une cause inattendue, cette liaison étroite qui ne s'est jamais démentie. Chassé par la peste de Barcelone, où il s'était retiré lors du décret de Ferdinand VII, qui levait le séquestre mis sur ses biens pour s'être attaché au parti du roi Joseph, le poëte vint établir sa résidence à Bordeaux, auprès de son ami, qui lui-même avait quitté l'Espagne afin de prévenir une persécution politique. Plus tard, don Leandro suivit don Manuel à Paris, et choisit un appartement contigu au sien. C'est dans la maison de votre père, de votre mari; c'est au milieu de votre aimable famille, devenue la sienne, qu'il acheva le savant ouvrage : *Origines del teatro español*, acheté par le roi d'Espagne, et publié par l'Académie de Madrid. Entouré de vos soins, égayé par les jeux de vos enfants, il a vu se dissiper la tristesse qui, par une bizarrerie du sort, assiégait un poëte comique. Avec votre père et M. de Figuera, vous avez eu le privilége de lui fermer les yeux et de faire dignement reposer, près de Molière, l'homme éminent dont la postérité se chargera de consacrer la réputation qu'il s'est acquise parmi ses contemporains. De 1828 à 1853, inspirée par le regret, vous avez pu interroger le silence de sa tombe; dans cette dernière année, les hommes d'État de votre pays, rendant au mort la justice refusée au vivant, songèrent à faire venir en Espagne les cendres de Moratin; alors il fallut vous résigner à vous renfermer dans vos souvenirs, heureuse de savoir que les ossements d'un ami, dont le nom appartient aux fastes dramatiques, allaient trouver dans la terre natale la place qu'ils auraient dû toujours y occuper. Pardonnez-moi ces paroles qui vous ramènent vers la douleur ; je me serais gardé d'en évoquer l'amertume, si le temps ne se chargeait de tout effacer. Passons à de moins sombres idées.

Pour peu, Madame, que vous teniez à l'apprendre, je me hâte de vous informer comment la destinée, qui, dans la publication d'une revue hebdomadaire, m'avait accordé l'honneur de succéder à Gérard de Nerval, semble, cette fois encore, avoir résolu de me rendre collaborateur de l'homme de talent qui seul méritait de servir d'interprète à Moratin. Et comment Moratin eût-il pu se montrer plus exigeant que Gœthe ?... Gœthe se trouvait très-honoré de la traduction élégante que l'auteur du *Voyage en Orient* avait faite de son *Faust ;* il découvrait même, dans la reproduction française de sa grande fantaisie mystique, des beautés sur lesquelles son génie allemand ne s'était pas arrêté en écrivant dans sa propre langue.

Mais ne nous égarons pas dans les digressions oiseuses ; arrivons au fait, pour ne pas abuser de votre patience.

Comme naturel d'une petite ville que, malgré sa demi-douzaine de grands hommes, le ridicule attaque journellement, j'avais cru pouvoir aller résider à Tours, cité archiépiscopale que le préjugé n'épargne pas davantage, bien qu'elle ait aussi donné naissance à quelques célébrités, et logé dans la plus solitaire de ses rues l'immortel Béranger. Au bureau de la petite feuille d'*Indre-et-Loire* (oracle du département pour son bulletin politique, et non pour sa partie soi-disant littéraire, que j'étais tenu de rédiger), se présentait de temps à autre M. le baron Papion du Château, l'une des réputations actuelles de la bienheureuse Touraine. A peine sorti de la cuisine du journal, je me laissais entrainer par **M.** le baron dans le temple des Muses; car, il est bon de le constater, membre de plusieurs sociétés savantes (non de celles qui usurpent ce titre pour afficher tout ce qu'elles ignorent), **M.** du Château est, sans contredit, l'un des plus ardents porte-étendard de la poésie. Cramponné aux monuments olympiens minés à leur base par le torrent prosaïque, il prend corps à corps Juvénal et Virgile, et c'est une vertu bien rare dans notre siècle (Dieu me garde de le décrier !), où les jouissances morales sont comptées pour rien, où le confort physique semble devoir seul réclamer toute notre attention.

Tout en causant de ces travaux de bénédictins qui nous attirent l'envie des érudits et l'indifférence des ignorants; qui nous font vivre un mois après nous avoir occupés des années, nous fûmes graduellement amenés à quitter les anciens pour rendre visite aux modernes. **M.** le baron, dès lors, me parla d'un manuscrit inachevé que Gérard de Nerval, qui l'admettait à ses confidences littéraires, lui avait remis avec le droit d'en disposer comme il l'entendrait. C'était en 1827. Agé de dix-neuf ans, le poëte déjà venait de se faire connaitre par plusieurs livres qui annonçaient du talent. Entraîné vers d'autres préoccupations, et trop avide de voir pour se contenter du paysage gracieux mais sans caractère du jardin de la France, l'auteur de *la Bohème galante* prit sa course de Juif errant, pour se livrer à ce délicieux vagabondage poétique qu'une foule de gens sensés ont bien de la peine à s'expliquer, et auquel je prends aussi plaisir à m'abandonner, heureux de vivre assez en dehors de la vie commune pour apprécier tout le charme de l'imprévu.

Absorbé dans ses graves études, et ne s'étant jamais senti disposé à continuer un travail en dehors de ses inspirations, M. du Château me proposa d'achever la comédie commencée par son ami. Comme j'hésitais, il me fit lecture du manuscrit. Dès la première scène, je reconnus que *le Nouveau Genre* était une traduction libre de la *Comedia Nueva* de Moratin. Cette découverte me décida à la terminer, rassuré d'avoir le texte original pour me permettre de suivre le plan qu'eût forcément adopté Gérard de Nerval.

Peut-être vous étonnez-vous, Madame, que j'expose *le Nouveau Genre* au dédain de la lecture, avant de le faire sortir triomphant des épreuves de la rampe ? Je vous avoue confidentiellement qu'en 1858, comptant sur le succès que l'ouvrage de Moratin avait obtenu à Madrid, et sur le mérite avéré de son imitateur, j'eus la témérité de déposer, au secrétariat de la Comédie-Française, l'acte auquel les lévites du temple vont crier *Raca* pour s'être permis d'être

> Plus enclin à blâmer que savant à bien faire.

Un rapport suivit lestement le dépôt (je rends cette justice à l'administration), rapport favorable, même à mon égard. Sans m'en douter, pourtant, je pourrais bien avoir gâté les choses. M. l'examinateur jugea que cette comédie, d'un but purement littéraire, était un prologue à la manière de Dancourt ; que nonobstant plusieurs passages spirituels (je n'ai pas la présomption de m'attribuer la moindre part de ces éloges), *le Nouveau Genre* ne possédait aucun nœud d'intrigue, n'offrait pas les développements de caractères propres à séduire la multitude, qui aime mieux, sous le lustre, voir caresser ses passions que s'engager, avec les philosophes du Portique, à réfléchir sérieusement sur des principes où son esprit affairé aurait à éprouver la fatigue la plus légère. A la scène, en effet, comme dans la vie réelle, les sentiments généraux passent avant les sentiments particuliers. Les froides représentations de *la Métromanie*, l'un des chefs-d'œuvre de notre premier répertoire, en fournissent la preuve évidente. Qu'importe à la foule, qui se laisse guider par les pratiques vulgaires de la vie, l'enthousiasme, le mécompte d'un poëte honnête? Qu'importe à la routine une tentative hardie qui vise à faire avancer le progrès, ou du moins à maintenir l'art dans la route qu'il s'est ouverte? Libre de chercher la distraction plus que l'enseignement, le public n'a-t-il pas droit de nous avertir qu'aujourd'hui, sur le théâtre fondé par Molière, la fantaisie succédant à l'observation, on doit se renfermer dans le papillotage dramatique à l'usage des gens du monde, comme il est à l'ordre du jour, sur les scènes d'un ordre moins élevé, de mettre en relief les vertus cachées qui invitent les âmes virginales à se prendre de passion pour des êtres vicieux.

D'après cela, Madame, vous comprenez quelle triste figure aurait faite une comédie critico-didactique dans la bouche des comédiens ordinaires de Sa Majesté. Le Théâtre-Français, malgré la subvention que le ministère lui alloue pour conserver les traditions du passé, et travailler dans l'intérêt de l'avenir en occupant bien le présent, est malheureusement une industrie dont le dévouement échoue en présence de beaucoup d'œuvres respectables. Entrainé par le courant de la mode, il ne peut s'obstiner à brûler son encens devant des divinités que les ouailles ont cessé d'adorer, ou à s'éteindre de consomption dans l'attente d'un Messie qu'Israël a juré de traiter en faux dieu. Le public ne venant pas à lui, force lui est d'aller vers le public, de servir ses consommateurs selon leur goût, quand bien même la raison de nos aïeux n'aurait qu'à s'en offenser et l'inexpérience de nos enfants n'y trouverait rien de profitable. Autre temps autres mœurs, autre pays surtout autre langage. Quel accueil eût mérité d'obtenir à Paris la silhouette d'une œuvre où Moratin emploie la forme dramatique pour donner des leçons de cet art même, une espèce de poétique qui, à Madrid, popularisa la réforme sur la scène mieux que les traités de Luzan et de Montiano? La critique qu'elle renferme du genre échevelé qui corrompait les instincts nationaux; les conseils aux Ménandres à naître pour indiquer celui qu'il était opportun d'y substituer; les enseignements même aux Aristarques pour leur montrer ce qu'ils doivent bannir et encourager; tout cela, dans une époque où la majeure partie des lettrés patriotiques transforment les sujets héroïques d'Eschyle en spectacles équestres de M. Labrousse, tout cela faisait-il du pastiche de la *Comedia Nueva* un ouvrage susceptible d'exciter la curiosité? Si peu que cette production se fût trouvée dans les conditions acceptables, en considération des deux illustres morts, en raison de la bienveillance témoignée maintes fois au vivant, M. Empis nous aurait admis à escarmoucher contre les *mosqueteros* de la rue de Richelieu. Mais une telle conception ne pouvait se soutenir que par la vivacité du dialogue. L'auteur espagnol, il est vrai, dans aucune de ses comédies, n'a prodigué davantage cette sorte de mérite; d'heureuses oppositions existent entre les caractères qu'il développe. Je n'essayerai pas, Madame, de vous les faire apercevoir: vous êtes à même de les distinguer mieux que moi; seulement, je me permettrai de dire qu'il est des qualités en Espagne qui deviennent des défauts en France. Gérard de Nerval le comprit fort bien; aussi, voulant naturaliser chez nous une œuvre exotique, a-t-il, avec son tact, jugé à propos : d'abord, de métamorphoser le sujet espagnol en sujet français; ensuite, de faire éprouver quelques modifications à la contexture de la pièce originale. Don Eleuterio, le type du pourvoyeur dramatique, devient simplement Eugène; don Hermogènes, le pédant farci de la scolastique universitaire de Salamanque, et don Serapio, le frelon littéraire, se fondent dans un personnage mixte, Dorante, qui, malgré son nom emprunté au vieux répertoire, n'est qu'un agent actuel d'affaires dramatiques; don Antonio se change en Dercourt, don Pedro s'appelle Saint-Ange. Ce dernier garde cette âpre franchise qui sait faire le bien tout en disant des vérités un peu dures. Mais, différant sur un point de don Pedro, Saint-Ange témoigne pour l'auteur tombé une compassion plus directe, et manifeste à l'endroit des sots dramaturges une aversion plus positive. Il sauve Eugène de la prison pour dettes et lui offre un emploi honorable, sans que celui-ci se recommande par le titre de mari et les charges incombant au père de famille. La position d'une femme bel-esprit participant aux élucubrations d'un pauvre poëte, avait aussi quelque chose de triste; l'on n'était guère porté à la plaindre, à cause de ses prétentions ridicules et du peu de soin qu'elle prenait à remplir ses devoirs de mère. Pour ce motif, sans doute, Gérard de Nerval avait supprimé le rôle d'Agustina; j'ai cru nécessaire de le rétablir, tout en plaçant cette petite-fille de Philaminte dans un état indépendant, et en modérant les exagérations d'une muse emphatique qui se nourrit de phrases creuses, et pense qu'il suffit de forger des vers pour être poëte. A côté de cette caricature idéale, — dût le contraste être moins saisissant, — j'ai jugé convenable d'adoucir la réalité un peu triviale de Mariquita. Sous le nom de Sophie, peut-être devient-elle un type moins vrai; mais peut-être aussi, à travers le positivisme qui forme la base de son existence, laisse-t-elle percer l'illusion qu'on aime à voir se répandre sur la jeunesse et sur la beauté. Je suis heureux d'avoir pu conserver ces deux personnages sans porter une main sacrilége sur l'ouvrage d'un littérateur dont le travail devait rester séparé du mien.

Parlerai-je du chef de claque, de l'huissier? Ils ne figurent pas dans la comédie espagnole; mais mon collaborateur d'outre-tombe ayant ouvert la scène avec le premier et inscrit le second au bas de sa liste, je me suis appliqué à donner à ces messieurs un rôle en rapport avec la situation que leurs caractères bien connus permettaient de prévoir. L'œuvre du maître, enfin, composée de deux actes uniformes qui se passent dans un café (uniquement pour sauver l'unité de lieu), a été, en dépit du *bis repetita placent,* réduite à un seul. En outre, les imitateurs de Moratin n'ont pas hésité à faire des coupures et des additions pour approprier aux idées françaises des portraits que les Espagnols étaient exclusivement appelés à reconnaître.

Je me plais à espérer, Madame, que vous n'accepterez pas comme une dédicace intéressée l'offrande que je vous adresse de la modeste part que j'ai prise à cette comédie. Nous savons à quoi nous en tenir sur la dignité de nos caractères et sur la valeur des choses; nous ne sommes plus, Dieu merci, au temps où les personnes de qualité croyaient voir rehausser leur noblesse par les compliments des auteurs, et où les auteurs semblaient prendre à tâche de perdre dans de misérables épitres dédicatoires l'indépendance qu'ils avaient montrée dans leurs œuvres. Désireux d'avoir une petite place dans votre bibliothèque, je me glisse entre deux poëtes, dont l'un occupe le premier rayon, et dont l'autre mérite d'y figurer. Vos dramatistes, tout en s'appuyant d'un *laus Deo,* avaient coutume d'implorer du public le pardon des fautes échappées à l'auteur dans une comédie toujours fameuse par le titre, mais souvent fautive par l'exécution; à leur exemple, Madame, je finis cette longue lettre en vous priant de me pardonner le temps que je vous dérobe pour déguiser au lecteur une préface qui l'aurait effrayé, si elle n'eût revêtu la forme de causerie amicale, et si la grâce qu'elle peut trouver à vos yeux ne m'encourageait à paraître devant des juges plus sévères.

Paris, 15 janvier 1860.

Arthus FLEURY.

LE NOUVEAU GENRE

ou

LE CAFÉ D'UN THÉATRE

SCÈNE PREMIÈRE.

EUGÈNE, M. DUPRÉ, LES CLAQUEURS.

EUGÉNE.

Allons, monsieur Dupré, montrez-vous plus traitable...
De tout cela, d'ailleurs, nous conviendrons à table.
Surtout, du second acte, il faut soigner la fin,
Quand la mère et l'enfant se plaignent d'avoir faim,
Que le père répond...

M. DUPRÉ.

Je connais le passage.

EUGÈNE.

Le parterre, je crois, fera là grand tapage.

M. DUPRÉ.

Comment! Donnera-t-on des billets au bureau?

EUGÈNE.

Eh! sans doute, Monsieur.

M. DUPRÉ.

Ah! voici du nouveau!

Et la première fois... C'est là, sur ma parole,
Pour un homme d'esprit, une fameuse école.
Alors, ce n'est plus ça.

EUGÈNE.

D'où vient donc cet effroi?

Je ne vois point quel mal...

M. DUPRÉ.

Eh bien, moi, je le voi!
Apprenez donc, Monsieur, ce dont pour vous je tremble,
Que quatre à cinq sifflets, bien accordés ensemble,
Causent plus de scandale et font plus de fracas
Que toute notre claque.

EUGÈNE.

Alors, quel embarras?
Vous mettez poliment la cabale à la porte.

M. DUPRÉ.

La cabale, Monsieur, peut être la plus forte;
D'ailleurs, tout honnête homme aime assez son repos,
Et, pour être *Romain*, on n'est pas un héros.
Non, un auteur habile, et qui sait son affaire,
D'avance, de gaillards disposés à bien faire,
Remplit les corridors, les loges, le parquet,
Et ferme les bureaux au sixième billet.
D'un pareil procédé si la foule s'irrite,
Gendarmes à cheval interviennent bien vite;
Le public, avec perte, est bientôt repoussé...
Et voilà le succès déjà fort avancé.
Alors, nous...

EUGÈNE.

Excusez mon peu d'expérience;
Mais de tout réparer, Monsieur, j'ai l'espérance:
Venez en attendant, et montons au salon.

SCÈNE II.

LES PRÉCÉDENTS, DORANTE.

EUGÈNE.

Tiens, te voilà, Dorante? As-tu déjeuné?

DORANTE.

Non.

EUGÈNE.

Eh bien! monte avec nous.

DORANTE.

Mais je voulais t'apprendre...

EUGÈNE.

J'aurai, le repas fait, le loisir de t'entendre.

(Il monte au premier avec Dupré.)

SCÈNE III.

DORANTE, seul.

Encore un déjeuner!.. Je vois que notre ami
N'entend pas faire ici les choses à demi :
Ce m'est, en tous les cas, une bonne ressource;
Car, logeant dès longtemps le diable dans ma bourse,
Sans la sienne, peut-être, un destin plus fatal
M'eût, dès longtemps, aussi conduit à l'hôpital.
Tôt ou tard, cependant, ce sera mon partage,
Car son avoir s'épuise, et c'est vraiment dommage,
Pour moi comme pour lui : j'ai pourtant quelque espoir
Sur son drame, qu'ici l'on va jouer ce soir.
C'est bien extravagant, bien niais... mais que dire?
Pour le siècle où l'on est, il faut savoir écrire.
D'ailleurs, je l'ai prôné, j'ai proclamé partout
L'ouvrage original et du plus nouveau goût.
A le faire jouer j'ai réussi, de reste,
Et crois avec raison que nul revers funeste
Ne troublera ce soir un succès si flatteur,
Moins pour la gloire encor que pour les droits d'auteur.

SCÈNE IV.

DORANTE, CARLIN.

CARLIN.

On vous demande en haut.

DORANTE.

Ah ! j'y suis nécessaire ?

J'y cours.

(Il sort.)

SCÈNE V.

CARLIN, DERCOURT, entrant.

DERCOURT, s'asseyant.

Ma demi-tasse, avec le petit verre.

CARLIN.

Bien !

(Il le sert et retourne au fond.)

DERCOURT, entendant du bruit au premier.

Le plafond, je crois, est prêt à s'enfoncer ;
Carlin !

CARLIN, revenant.

Monsieur ?

DERCOURT.

Là-haut, donnez-vous à danser ?

CARLIN.

Non, Monsieur.

DERCOURT.

Qui peut donc y faire un tel tapage ?

CARLIN.

Des auteurs.

DERCOURT.

Des auteurs ! mais c'est un badinage ;
Ce sont des fous, plutôt.

CARLIN.

Des auteurs; et des bons!
Mais pour faire ce bruit ils ont bien leurs raisons :
D'un excellent repas ils ont fait la dépense,
Ils lui rendent honneur.

DERCOURT.

Pourquoi cette bombance?

CARLIN.

C'est, je crois, pour un drame, à ce qu'on dit, bien noir,
Qui sera, près d'ici, représenté ce soir,
Et que pour un chef-d'œuvre en tous lieux on proclame.

DERCOURT.

Ah! les petits coquins... ils ont donc fait un drame?

CARLIN.

Oui, Monsieur, le sujet est très-original,
Et tout promet d'avance un succès colossal (1) :
Voulez-vous voir l'annonce?

DERCOURT.

Eh! j'en aurais envie.

CARLIN, lui présentant un journal.

Cherchez dans le journal.

DERCOURT.

Oh! diable! c'est la vie
D'un fameux criminel en cinq jours : l'intérêt
Me semble bien placé.

CARLIN.

Cela doit faire effet (2).

DERCOURT, lisant.

On doit, le même soir, y voir représentée
Sa naissance, sa vie et sa mort méritée.

CARLIN.

Est-ce le même acteur qui jouera tout cela?

DERCOURT.

Il paraît. Ah! Carlin, quelle pièce voilà!
Eh! mais, sais-tu combien ils étaient pour la faire?

CARLIN.

Deux.

DERCOURT.

Par acte?

CARLIN.

Pour tout.

DERCOURT.

C'est extraordinaire!

CARLIN.

Encor monsieur Dorante en fit bien peu, je crois.

DERCOURT.

Eh quoi! Dorante en est? Maintenant, je conçois.

CARLIN.

Vous le connaissez donc?

DERCOURT.

Est-il dans la nature
Quelque lieu qui n'ait vu sa bizarre figure?
Qu'il n'ait souvent rempli de son fade jargon,
De ses airs suffisants qu'il prend pour du bon ton?
Assureur dramatique et prôneur littéraire,
Il dit tout sans rien dire et fait tout sans rien faire;
Flatte de son appui tous les auteurs nouveaux,
Daigne dans les salons produire leurs travaux,
Les présente au théâtre, en prend le bénéfice,
Et même y met son nom... à titre de service.

CARLIN.

Comme vous l'habillez! mais croyez cependant
Qu'il possède en ces lieux un fameux ascendant;
Il est fort en faveur au boulevard du Crime;
Le second père noble a pour lui de l'estime;
Avec notre soubrette il va se promener,
Et parfois le souffleur l'invite à déjeuner (3).
Vous sentez...

DERCOURT.

Oh! je sens que son heureuse adresse
A, la main dans le sac, fait recevoir la pièce.

CARLIN.

La pièce, c'est trop dire, et je soupçonnerais
Que l'autre jeune auteur en a seul fait les frais ;
Mais tous deux comptent bien, qu'en cas de réussite,
Une grêle d'écus va leur tomber bien vite ;
De son ami Dorante épouse alors la sœur...

DERCOURT.

Qui ? lui ! se marier ?

CARLIN.

La clause est de rigueur.

DERCOURT.

Et si la pièce tombe ?

CARLIN.

Ah ! ce serait terrible !

Mais quand j'y réfléchis... Oh ! non, c'est impossible :
Monsieur Dorante est sûr qu'elle réussira.

DERCOURT.

S'il en est sûr... d'accord ; et qui vivra verra.

CARLIN.

Il ajoute d'ailleurs qu'elle est d'un nouveau style
Qui, depuis quelque temps, fait fureur dans la ville ;
Et, tenez, l'autre jour ils en parlaient ici
Devant plusieurs acteurs qui s'y trouvaient aussi.
C'étaient toujours des mots de *routine, d'ornières ;*
Qu'il était beau d'apprendre à marcher sans lisières ;
Que, du maillot fatal une fois dépouillés,
Ils allaient conquérir, loin des chemins frayés,
Des lauriers incueillis, des fleurs à peine écloses.
Moi qui n'entendais pas toutes ces belles choses,
J'étais resté de là ; mais deux de mes pays,
Des garçons perruquiers, en étaient ébahis...

DERCOURT.

C'est une autorité.

CARLIN.

Des gaillards, je vous jure,

Qui se piquent d'avoir de la littérature ;
Et nos auteurs partis, ils nous dirent tout haut :
« D'honneur, ces messieurs-là raisonnent comme il faut ;
« On ne peut point douter que, s'ils font un ouvrage,
« Leur innovation n'ait un succès... de rage ;
« Tout appartient de droit à qui sait tout oser. »

DERCOURT.

Oui.

CARLIN.

    « Les Français en vain voudront leur opposer
« Des pièces, des acteurs et des auteurs caduques,
« Ils vont faire la barbe à toutes leurs perruques ! »

DERCOURT.

Oh ! diable ! je le crois.

CARLIN.

    Le présage est flatteur :
J'en suis vraiment charmé pour notre jeune auteur ;
Car, si cet essai-là lui réussit, je gage
Qu'il va bien tout le jour détacher de l'ouvrage.

DERCOURT.

Pour cela, j'en réponds.

CARLIN.

    Et voilà ce qu'il dit :
« Je puis, quand ce succès m'aura mis en crédit,
« Pour un bon traitement, m'arranger à l'année
« Avec le directeur... ou même à la journée,
« Voyez-vous ? »

DERCOURT.

    Ah ! sans doute.

CARLIN.

        Alors, il en ferait...
Bah ! deux ou trois par mois, même plus...

DERCOURT.

        C'est un fait.

SCÈNE VI.

Les précédents, SAINT-ANGE, d'abord endormi,
EUGÈNE.

EUGÈNE, descendant.

Garçon !

CARLIN.

Monsieur ?

EUGÈNE.

Un mot !

(Il lui parle à l'oreille. Carlin sort.)

DERCOURT, s'approchant de Saint-Ange, que l'exclamation d'Eugène vient
de réveiller.

Bonjour, mon cher Saint-Ange.

SAINT-ANGE.

Ah ! vous voilà, Dercourt ?

DERCOURT.

Pardon, je vous dérange ?

SAINT-ANGE.

Pas du tout : en lisant je viens de m'assoupir ;
J'étais un peu malade.

DERCOURT.

Il faut vous divertir :
Venez-vous avec moi voir la pièce nouvelle
Ce soir ?

SAINT-ANGE.

Non.

DERCOURT.

Pourquoi donc ? C'est qu'on la dit fort belle.

SAINT-ANGE.

Non, jamais je n'y vais à la première fois.

DERCOURT.

Toujours original !

EUGÉNE, s'approchant, à part.
           Ah! l'on parle, je crois,
De ma pièce ?

DERCOURT.
         Écoutez : elle est bonne ou mauvaise ;
Dans un cas ou dans l'autre, on en use à son aise.
Est-elle bonne ? on claque ; ou mauvaise ? l'on rit,
On raille un peu l'auteur.

SAINT-ANGE.
           Ce qui vous divertit
M'irrite : vous avez le talent nécessaire,
En matière de goût, pour ne vous tromper guère.
Dans le monde, pourtant, vous vous faites l'appui
De tout mauvais auteur pour vous moquer de lui ;
Mais le jeu trop souvent passe la raillerie,
Et par ce moyen-là, quoique parfois on rie,
Mon cher, c'est un plaisir triste autant qu'incertain
Que celui qui s'exerce aux dépens du prochain.
Vous vous amusez... soit ; mais...

DERCOURT.
           Certes, je m'amuse,
Et non pas aux dépens de celui que j'abuse.
Si son bonheur consiste en cette illusion,
Je l'augmente en sachant flatter sa passion ;
Le détromper serait une chose cruelle ;
Mais quant à cette pièce...

EUGÉNE, se mettant au milieu d'eux.
         Elle est, Messieurs, fort belle.
Fort belle, à ce qu'on dit du moins, et j'ai l'espoir
Qu'elle vous plaira fort, si vous allez la voir ;
Son auteur m'est connu.

DERCOURT, à part.
         C'est sans doute lui-même.

EUGÉNE.
Un homme comme il faut, que j'estime et que j'aime ;

Mais le pauvre garçon ne fait que commencer,
Et d'un peu d'indulgence il ne peut se passer.

SAINT-ANGE.

S'il débute en effet, le public est trop sage,
Le sachant, toutefois, pour n'en pas faire usage.

EUGÈNE.

C'est fort bien pour l'honneur; mais, voyez ce que c'est :
L'auteur de cet ouvrage, au cas d'un grand succès,
Devra se contenter de cent francs par soirée;
Voilà tout.

DERCOURT.

La pilule est assez mal dorée.
Je pensais qu'une pièce avait plus de valeur,
Dans ce genre surtout.

EUGÈNE.

Non; pendant la chaleur
On ne donne pas plus. Malgré ce prix modique,
Si tout seul du théâtre on avait la pratique,
On pourrait s'en tirer; mais on a des rivaux :
Chaque jour voit éclore un tas d'auteurs nouveaux.
Tout cela par faveur s'insinue et s'avance,
Écrit dans les prix doux : contre la concurrence
Comment se maintenir avec quelque succès?
Surtout dans ce temps-ci qu'on fait tout au rabais.
Et, tenez, l'autre jour, en dépit de Dorante,
Un petit écolier aux acteurs se présente ;
C'est qu'il avait en poche un théâtre complet:
Comédie, opéra, vaudeville, ballet,
Drame, pièce à tableaux... Enfin le bon apôtre
Leur proposait le tout à cent francs l'un dans l'autre.
Vous conviendrez qu'alors on est bien empêché,
Et qu'on ne peut tenir contre un si bon marché.

DERCOURT.

Ces rabais font grand tort.

EUGÈNE.

Monsieur, ils sont terribles !

DERCOURT.

Oh ! oui.

EUGÈNE.

Surtout au prix où sont les comestibles.

DERCOURT.

En effet.

EUGÈNE.

Vous savez ce que coûte un habit ?

DERCOURT.

Sans doute ; oh ! les tailleurs ne font plus de crédit.

EUGÈNE.

Et les locations à présent sont si chères !

DERCOURT.

Ce sont des gens cruels que les propriétaires !

EUGÈNE.

Et si l'on a de plus des enfants, à coup sûr
Il faudra les nourrir de pain sec.

DERCOURT.

C'est bien dur.

EUGÈNE.

Allez donc avec l'autre établir concurrence !
Qu'il ait vingt sous par jour, c'est toute sa dépense.

DERCOURT.

Contre cela, Monsieur, je ne vois qu'un moyen,
C'est de faire un travail... qui ne ressemble à rien ;
Du neuf, des grands tableaux, de l'horreur... et sans doute
On pourra mettre encor l'écolier en déroute.

EUGÈNE.

C'est ce qu'on tente aussi ; la pièce de ce soir
Devra, j'en suis certain, répondre à votre espoir ;
Car, d'après votre goût, on la croirait formée ;
Mais quoi !.. l'auriez-vous lue ?

SAINT-ANGE.
Elle est donc imprimée ?
EUGÈNE.
Eh ! sans doute, Monsieur.
SAINT-ANGE.
C'est assez hasardeux :
Le succès n'est pas sûr.
EUGÈNE.
Oh ! rien n'est moins douteux.
SAINT-ANGE.
Et peut-on demander combien l'auteur l'estime ?
EUGÈNE.
Quatre francs.
SAINT-ANGE.
C'est bien cher.
EUGÈNE.
Monsieur, c'est du sublime !
DERCOURT.
Il faut que je l'achète, il le faut.
EUGÈNE.
La voici :
Trop heureux de pouvoir vous l'offrir.
DERCOURT.
Grand merci !
(Il parcourt le titre.)
Ah ! de mettre son nom l'auteur a la prudence ;
Fort bien !
EUGÈNE.
En sa faveur cela prévient d'avance.
DERCOURT.
De cette attention l'on sera très-flatté.
SAINT-ANGE.
C'est sans doute de peur que la postérité
A le chercher un jour ne se creuse la tête.
DERCOURT, après avoir feuilleté.
La préface obligée a l'air assez honnête.

EUGÈNE.

Il faut, quand on innove, expliquer ses raisons (4).

DERCOURT, feuilletant.

Ah! c'est trop juste... Enfin, m'y voici; commençons:
Premier jour. Il fait nuit, la scène représente...

EUGÈNE.

Permettez : cette scène est très-intéressante ;
Remarquez bien, Messieurs, que ce grand scélérat
Y commence ses jours... par un assassinat.

DERCOURT.

Par un assassinat! comment se peut-il faire?..

EUGÈNE.

C'est qu'il cause en naissant le trépas de sa mère.

DERCOURT.

Oh! oh!

EUGÈNE.

Dès le début, par ce nouveau moyen,
Le public est instruit de ce qu'il est.

DERCOURT.

Fort bien !

SAINT-ANGE.

Monsieur...

EUGÈNE.

Pardonnez-moi: c'est ainsi qu'il doit naître:
Mais ce commencement ne vous plaît pas peut-être?...
Eh bien! donc, écoutez le morceau que voilà :
Il fait à son épouse une scène... c'est là !

(Il indique une page à Dercourt.)

DERCOURT.

Il s'est donc marié?

EUGÈNE.

Vers sa trentième année :
Mais sa petite femme est bien infortunée,
Et, malgré sa douceur, pour quelques vains soupçons,
Le coquin ose encor lui dire des raisons.

DERCOURT.

Cet homme est très-brutal.

EUGÈNE.

Caractère farouche !

DERCOURT.

Un grand brun...

EUGÈNE.

Oui, Monsieur.

DERCOURT.

Petits yeux, un peu louche ;
De gros favoris noirs, grêlé ?...

EUGÈNE.

Vous y voici.

DERCOURT.

Pauvre femme ! elle doit avoir bien du souci !
Fi ! l'horrible animal !

EUGÈNE.

Oh ! Monsieur, je vous jure
Que c'est comme cela que je me le figure.

DERCOURT.

Voyons ce qu'il lui dit.

SAINT-ANGE.

Pour Dieu ! ne lisez pas.
Je ne saurais souffrir...

DERCOURT.

Je me tais en ce cas ;
Mais vous perdez, mon cher, une belle harangue.
Elle, de son côté, ne se mord pas la langue.

EUGÈNE.

Non, non, Monsieur.

DERCOURT.

Oh ! diable ! et je vois, en effet,
Qu'elle sait bien le prendre et lui dire son fait.

SAINT-ANGE, avec impatience.

Mais avec tout cela...

EUGÈNE.

Cette scène est bien forte.

SAINT-ANGE.

Cela suffit, Monsieur.

EUGÈNE.

Pleine de feu.

SAINT-ANGE.

N'importe !

EUGÈNE.

Ah ! cet acte au public paraîtrait sans défaut,
Si l'actrice y mettait tout le talent qu'il faut.
Et cet endroit encor...

(Il prend la brochure.)

Permettez que je lise...

SAINT-ANGE.

Eh ! pour Dieu ! laissez là toute cette sottise.

EUGÈNE.

Sottise ! Ah ! c'est trop fort !... Voilà nos gens de goût,
Nos connaisseurs ; il faut qu'ils en trouvent partout.
Sottise ! Ah ! pour le coup, je m'étonne qu'on ose...
Eh ! sur les boulevards on ne voit autre chose !
Sottises ! le public sait pourtant les priser,
Et chaque soir, ici, les claque à tout briser.

SAINT-ANGE.

Eh ! je ne vous dis pas...

EUGÈNE.

Ces gens-là me font rire.
Mais que veulent-ils donc ?.. On ne peut rien écrire
Qui ne soit déchiré, censuré !..

SCÈNE VII.

LES MÊMES, DORANTE, descendant.

EUGÈNE.

Te voici ?

Pour entendre du neuf, mon cher, viens donc ici ;
Tu ne le croirais pas !.. Ce Monsieur se figure
Que la pièce...

DORANTE, le tirant à part.

A propos, j'ai demandé lecture
Pour notre autre, tu sais ?

EUGÈNE.

Ah ! bien.

DORANTE.

Est-ce achevé?

EUGÈNE.

Non, ma foi, le sujet n'est pas encor trouvé.

DORANTE.

Oh ! diable ! tâche donc : c'est demain.

EUGÈNE.

Sois tranquille ;
Comme je te disais, Monsieur est difficile :
La pièce de ce soir ne lui plaît pas.

DORANTE.

Vraiment !

EUGÈNE.

Ce n'est qu'une sottise !

DORANTE.

Ah ! le mot est charmant.
Il a dû t'effrayer ?

EUGÈNE, se rapprochant des autres.

Messieurs, je vous présente
Un homme de mérite.

DERCOURT.

Ah ! ah ! monsieur Dorante.

EUGÈNE.

Il pourra décider le cas dont il s'agit.
Tout le monde connaît ses talents, son esprit ;
Il écrit fort souvent dans les feuilles publiques ;
Et tient un certain rang parmi nos bons critiques ;
Il saura donc juger...

DORANTE.

Ce n'est point de refus;
Mais d'éloges pareils je suis vraiment confus :
Je les mérite peu, tandis qu'en toi j'honore
Un esprit délicat, un talent jeune encore...

EUGÈNE.

Enfin...

DORANTE.

Mais qui décèle un si grand avenir !

SAINT-ANGE, à part.

Oh ! les voilà partis; c'est à n'en plus finir.

EUGÈNE.

Laissons cela, mon cher ; permets qu'on t'interroge...

DORANTE.

Pour tant de qualités, c'est un bien faible éloge.

EUGÈNE.

Tu me flattes beaucoup, mais parle franchement :
La pièce de ce soir...

DORANTE.

Est bonne assurément.

EUGÉNE.

Ah! très-bien.

DORANTE.

Et de plus sera, sur ma parole,
Un triomphe complet pour la nouvelle école.
Rien pour cela n'y manque : effets, atrocités,
Contrastes, changements, mépris des unités,
Une exécution, trois ou quatre tempêtes,
Quelques assassinats, des danses et des fêtes.

DERCOURT.

Ah! que ceci, Monsieur, est d'un merveilleux goût !
Mais il faut...

DORANTE.

Des voleurs ? On en a mis partout.

DERCOURT.

Non, il faut que le style à tout cela réponde.

DORANTE.

Le style ? Eh ! c'est sur lui que le succès se fonde.
Tour à tour effrayant, sublime ou gracieux,
Il fait que le public, par un contraste heureux,
Au langage élégant de Racine ou Molière,
Voit succéder l'argot de l'hôtel d'Angleterre ;
Cette variété...

SAINT-ANGE, prenant son chapeau.

Messieurs, j'ai bien l'honneur...

DERCOURT.

Quoi ! vous vous en allez ?

SAINT-ANGE.

Je ne suis point d'humeur
A goûter les beautés d'une semblable pièce,
Et j'en laisse le soin à ceux qu'elle intéresse.

EUGÈNE.

Mais monsieur votre ami paraît prendre plaisir
A l'écouter.

SAINT-ANGE.

Monsieur aime à se divertir.
Quant à moi, du malheur bien loin que je me joue,
L'auteur d'un tel début me paraît, je l'avoue,
Moins ridicule encor que digne de pitié.
Si pour lui vous avez, Messieurs, quelque amitié,
De grâce, dites-lui qu'il en est temps encore...

EUGÈNE.

Comment !

SAINT-ANGE.

Qu'il abandonne un art qu'il déshonore ;
Art divin, mais qui n'offre à de pareils essais
Qu'une chute cruelle ou un honteux succès.

DORANTE.

Ah ! nous y voilà donc ! Monsieur fait le classique !
Monsieur est un de ceux qu'un préjugé gothique
A, contre nos succès, dès longtemps révoltés ;

Qui, chaque soir, bercés dans les trois unités,
S'endorment saintement pendant la psalmodie
Des quatre mille vers de quelque tragédie;
Qui se croiraient perdus si des auteurs nouveaux,
Par la diversité d'agréables tableaux,
Osaient les amuser en dépit d'Aristote?
Ces gens-là sont bien fous, mais leur triste marotte
S'use de jour en jour; on sait que dans Paris
Du nom de *rococos* nous les avons flétris.
Malgré tous leurs efforts, notre nouvelle école
Frappe à coups redoublés sur leur antique idole;
Et les Parisiens, à la fuir empressés,
Tremblent au seul aspect de ses temples glacés.
Pour nous...

SAINT-ANGE.

　　　　Vous? Quel public vient à vos saturnales?
Le public des faubourgs et le public des halles,
Parce que de ses rangs vous tirez vos héros :
Il aime à se revoir sur vos hideux tréteaux,
Et, fier de la hauteur où ce genre l'élève,
Il court au boulevard comme on court à la Grève.
Là, quand il devrait voir des traits d'humanité,
Des tableaux et des mœurs pleins de fidélité,
Comme on innove tout dans le siècle où nous sommes,
Il y voit des brigands transformés en grands hommes.
Peut-on?...

DORANTE.

　　　　Tous les sujets sont au théâtre ouverts :
Mandrin n'est-il pas beau quand il brise ses fers?

SAINT-ANGE.

Le théâtre doit-il mettre en rapport notre âme
Avec des malheureux que l'échafaud réclame?...
Non! Les plates horreurs que l'on nous y fait voir
Peuvent nous effrayer, mais sans nous émouvoir...
Non! Le goût répudie un genre aussi bizarre,

Qu'on croit original, et qui n'est que barbare,
Et toujours osera préférer, malgré vous,
Le style de Racine à l'argot des filous.

DORANTE.

Ah! dans un autre temps c'était fort bon à dire,
Mais nous avons détruit son ennuyeux empire;
Racine est un vieux saint que l'on ne chôme plus,
Et tous ses sectateurs, avec lui confondus,
Vont bientôt, enterrant leur vieille Melpomène,
A sa jeune rivale abandonner la scène :
Sentez-vous quel honneur ce triomphe nous fait?

SAINT-ANGE.

Oui, de remplacer l'autre elle est digne en effet :
Elle a des échafauds pour attributs funèbres,
Et puise ses héros dans les *Causes célèbres.*
Quel est son intérêt? et quels sont ses ressorts ?...
Des meurtres, des combats, de superbes décors,
Des situations qu'un goût bizarre assemble,
Mais qui hurlent d'effroi de se trouver ensemble.
Quant au style... encor mieux ! du pathos, de grands mots,
Des maximes d'honneur qui font pâmer les sots;
Plus souvent, du comique extrait de quelque bagne,
Que toujours du parterre un gros rire accompagne...
Car ce parterre-là, que connaît bien l'auteur,
En sait apprécier le sel et la valeur.

DORANTE.

Laissez donc : nous savons attirer le beau monde;
Une foule choisie en nos foyers abonde;
Des carrosses nombreux peuvent en faire foi.

SAINT-ANGE.

Parce que le nouveau fait à Paris la loi.
Mais, à l'empressement et des uns et des autres,
La girafe a des droits aussi forts que les vôtres.
Chez nous, l'amour du neuf, qu'il soit mauvais ou bon,
Va jusqu'à la fureur, mais n'a qu'une saison ;

Tandis que du vrai beau la durée immortelle
Voit un public léger, mais non pas infidèle,
Sur son égarement bientôt ouvrir les yeux,
Et briser les hochets dont il se fit des dieux.

EUGÈNE.

L'image a de l'effet; mais, vous avez beau dire,
La Melpomène antique a perdu son empire;
Le grand *réussisseur,* votre Talma n'est plus !

SAINT-ANGE.

Que de talents la France en ce siècle a perdus !
Mais, toujours généreux, le sol qui les dévore
Demeure assez fécond pour en produire encore :
L'art, qui d'un coup fatal n'est jamais à l'abri,
Peut bien se voir frappé, mais non anéanti :
Il retourne bientôt à sa place éternelle,
Et reçoit de sa chute une force nouvelle...
Mais le genre bâtard, maintenant encensé,
Qui le ranimera, quand il aura passé?

EUGÈNE, vivement.

Il ne passera pas !... tant que dans cette ville
L'originalité gardera droit d'asile :
Vous savez qu'en tout temps elle est chère aux Français !

SAINT-ANGE.

Ainsi, vous prétendez appuyer vos succès
De ce mérite-là ?...

EUGÈNE.

Sans doute ! La routine
A de l'art dramatique avancé la ruine;
Notre genre nouveau, plus noblement lancé,
Évite donc l'ornière...

SAINT-ANGE.

Et trouve le fossé :
D'un aussi noble essor, voilà le but terrible.
L'originalité m'en paraît moins sensible :
Appelez-vous ainsi l'oubli des unités,

Fondements du bon goût si longtemps respectés ?

EUGÈNE.

Oui.

SAINT-ANGE.

L'introduction d'ignobles personnages ?..
D'un sujet dégoûtant les hideuses images ?
C'est l'enfance de l'art ; de toutes ces beautés
Même les étrangers sont déjà dégoûtés ;
Vous pillâtes chez eux toute votre richesse.

EUGÈNE.

Le reproche est naïf, mais n'a rien qui nous blesse ;
Si l'imitation fut chez nous un abus,
Vos classiques auteurs lui doivent encor plus.

SAINT-ANGE.

Oh ! les sujets traités par leur muse divine
Étaient une conquête, et non une rapine ;
Ils ornaient les trésors par le triomphe acquis,
Et savaient franciser ce qu'ils avaient conquis ;
C'est ainsi qu'en tout temps leur sublime génie
Des biens de ses voisins enrichit la patrie :
Et, pendant des succès, hélas ! trop passagers,
Mais qu'on n'oubliera point, de coursiers étrangers (5)
Si la France para ses monuments de gloire,
C'est en les attelant à des chars de victoire !..

EUGÈNE.

Fort bien ; mais...

SAINT-ANGE.

Le poëte, ainsi que le guerrier,
Par ce noble moyen peut tout s'approprier.

EUGÈNE.

Nous l'employons aussi.

DORANTE.

Eh ! sur cette matière,
C'est assez discourir ; mais, ce soir, je l'espère,
Monsieur, examinant les pièces du procès,

Approuvera le genre en voyant le succès.
(A Eugène.)
Donne donc un billet.

EUGÈNE.

Excusez-moi si j'ose

Vous offrir...

SAINT-ANGE.

Grand merci, Monsieur !

EUGÈNE.

Quelle est la cause

Qui vous fait refuser un cadeau si léger ?

SAINT-ANGE.

Au théâtre, Monsieur, j'aime à pouvoir juger :
Et je craindrais de trop grever ma conscience
Pour pouvoir l'acquitter : car, par expérience,
Je sais qu'en claquements, ces sortes de billets
Sont payables à vue avec les intérêts.
Adieu, Monsieur !

(Il sort.)

SCÈNE VIII.

DERCOURT, EUGÈNE, DORANTE.

EUGÈNE.

Adieu !.. L'ennuyeux personnage !
Oh ! de tout critiquer, faut-il avoir la rage !..
Mais nous réussirons, du dépit qu'il en ait.

DERCOURT.

Qui pourrait en douter ? Donnez-moi ce billet ;
Donnez, je cours après cet homme opiniâtre,
Et de force ou de gré je l'entraîne au théâtre
Pour le punir.

EUGÈNE.

Ah ! bien.

DERCOURT.
Au revoir !

(A part.)

Qu'ils sont fous !..

(Il sort.)

SCÈNE IX.

EUGÈNE, DORANTE.

EUGÈNE.

En honneur, j'ai grand'peine à calmer mon courroux !
Sans en avoir rien lu, venir me dire en face
Que ma pièce est mauvaise ! Ah ! voilà qui me passe !

DORANTE.

J'ai bien vu dès l'abord qu'il n'y connaissait rien :
Une pièce à succès, qui fournira fort bien
Ses trois mois accomplis. Mon ami, dans la vie,
Toujours un grand mérite est en butte à l'envie.
Tiens, l'autre jour au tir il m'en advint autant :
Quelqu'un en plein public me traita d'ignorant.

EUGÈNE.

Oh ! oh !

DORANTE.

Tu sais assez...

EUGÈNE.

Ah ! mon cher, je te jure
Que c'est à mon avis la plus plate imposture :
Et tu sus y répondre ?..

DORANTE.

Avec beaucoup d'esprit ;
Un ancien philosophe a quelque part écrit :
« Si quelqu'un en public vous dit une sottise... »

EUGÈNE.

Diable !.. il faut...

DORANTE.

« Taisez-vous !.. et prenez une prise. »

EUGÈNE.

La maxime est prudente.

DORANTE.

Et c'est ce que je fis.

EUGÈNE.

Retournons-nous là-haut ?

DORANTE.

Attends : ce que j'en dis,
C'est pour te rassurer, car ta pièce, je pense...
Comment !.. ils n'ont voulu te faire aucune avance ?..

EUGÈNE.

Pas seulement un liard.

(Montrant une pièce de monnaie.)
Voilà tout ce que j'ai
Pour faire le garçon.

DORANTE.

Moi, j'ai reçu congé
De mon propriétaire.

EUGÈNE.

Eh qui ? ce vieux classique ?

DORANTE.

Il veut que je le paye, ou sinon...

EUGÈNE.

C'est unique!
C'est là qu'ils en sont tous : fatal amour de l'or!

DORANTE.

Pour trois ans de loyer que je redois encor.

EUGÈNE.

Quelle misère ! Eh bien, mon sort est encor pire
Que le tien, mon ami.

DORANTE.

Grand Dieu! que veux-tu dire?

EUGÈNE.

Que si je suis ici, c'est pour bonne raison,
Car déjà les huissiers occupent ma maison.

DORANTE.

Ils n'ont rien à saisir.

EUGÈNE.

      Ta remarque est très-bonne ;
Mais, restant, ils pouvaient me saisir en personne :
Je pris donc le parti, moi, de les prévenir.

DORANTE.

Et ta sœur ?

EUGÈNE.

      Je n'eus point le temps de l'avertir :
Mais je sus m'esquiver avec beaucoup d'adresse,
Chargé, comme Bias, de toute ma richesse.

DORANTE.

Les mains dans tes goussets...

EUGÈNE.

      Qui ne contenaient rien.
Je ne pouvais aller, comme tu penses bien,
En ce jour, qui me comble et d'argent et de gloire,
A Sainte-Pélagie attendre ma victoire ;
Je vins donc au théâtre où je fis répéter
La pièce que, ce soir, on doit représenter :
Au foyer je trouvai l'assureur dramatique
Que je fais déjeuner avec toute sa clique
A crédit.

DORANTE.

      C'est bien vu : mais crois-tu, bonnement,
Qu'il va se contenter d'un repas pour paîment ?

EUGÈNE.

Peut-être !

DORANTE.

      N'y crois pas.

EUGÈNE.

      C'est plus qu'il ne mérite.

En tout cas, je l'ajourne après la réussite.
DORANTE.
Je doute qu'il le veuille : au reste, ce succès
Se rattache, mon cher, à bien des intérêts.
EUGÈNE.
Tous seront contentés, et nos dettes payées ;
Les sommes de demain y seront employées.
Ceci fait, chaque jour rend un nouveau profit,
Les droits et les billets; surtout le grand débit
De la pièce imprimée. Oh! mon cher, je t'assure
Que nous allons après faire bonne figure,
Et je veux que bientôt la noce de ma sœur
Avec toi, dans Paris, me fasse de l'honneur.
DORANTE.
Peut-être ta fortune, en espoir si brillante,
Ressemble à ces décors, dont la toile mouvante
Par l'aspect d'un palais peut bien nous éblouir,
Mais qu'un coup de sifflet va faire évanouir.
Tiens, j'aperçois ta sœur (6).

SCÈNE X.

EUGÈNE, SOPHIE, DORANTE.

DORANTE.
Vous êtes agitée,

Sophie !
SOPHIE.
O mes amis, je suis si tourmentée !
Un huissier est venu...
DORANTE.
L'instant est bien choisi...
N'ayant rien à saisir, lui seul sera saisi.
EUGÈNE.
Comme le veut la loi, que son métier s'exerce !

Est-il accompagné d'un garde du commerce?

SOPHIE.

Oui. Je vois l'avenir sous de sombres couleurs :
On vendra mes outils à découper les fleurs.

EUGÈNE.

Sœur, on n'a pas ce droit... tu n'es rien dans ma dette.
Mes livres sont exempts aussi...

SOPHIE.

Je m'inquiète :
Il n'est rien qui ne soit très-bon pour ces gens-là!

EUGÈNE.

Leur gloire est de tout mettre à sac comme Attila.

DORANTE.

La désolation serait inopportune ;
Nous touchons au bonheur, peut-être à la fortune ;
Le drame de ce soir va nous mettre en crédit.

SOPHIE.

Mais si par le public l'ouvrage était maudit?

DORANTE.

Nous recommencerions.

SOPHIE.

Être auteur c'est fort triste.

EUGÈNE.

Crois-tu qu'il soit beaucoup meilleur d'être fleuriste?

SOPHIE.

Mon gain est très-borné, j'en conviens ; néanmoins,
Ce n'est pas encor lui qui rapporte le moins.

EUGÈNE.

C'est vrai, sœur ; tes produits m'épargnent des tourmentes.

DORANTE.

Les fleurs, qui sous vos doigts éclosent, sont charmantes ;
Mais, sans vous adresser un compliment bien doux,
Vous n'en ferez jamais d'aussi belles que vous.

SOPHIE.

Vraiment?

DORANTE.

L'antiquité vous eut construit des temples.

EUGÈNE.

Eh! sans aller chercher si loin les beaux exemples,
Le public de nos jours est-il donc moins fervent?
Il a plus d'une idole.

SOPHIE.

Oui; qu'il brise souvent.

EUGÈNE.

La scène te fait peur?

SOPHIE.

J'y serais mal venue.
N'y faut-il pas faillir pour jouer l'ingénue?
De réussir jamais je n'aurais le talent.

DORANTE.

Toujours pour la beauté le public est coulant,
Sophie, et je suis sûr qu'avec de l'habitude...

SOPHIE.

Le feu sacré me manque.

DORANTE.

Il viendrait par l'étude.
Chaque soir, au théâtre, on irait vous fêter;
Dans le doute, au surplus, il vaut mieux débiter
Les sottises d'autrui que d'essayer d'en faire.

SOPHIE.

Mais je ne prétends pas griffonner... au contraire,
N'espérant rien ainsi, je garde mon métier.

DORANTE, à part.

Peut-être est-ce plus sûr, près de nous marier.

EUGÈNE.

Mettant la main à l'œuvre au moins avec adresse,
As-tu fait le bouquet commandé pour ma pièce,
Celui qu'on doit jeter, dans l'effet ménagé,
A celle qui se plaint de n'avoir pas mangé?

SOPHIE.

L'huissier n'a pas permis...

EUGÈNE.

Diable!

SOPHIE.

Notre voisine

Doit t'en apporter un.

DORANTE.

Ton bas-bleu de cousine?

EUGÈNE.

Augustine?.. elle m'est parente comme à toi.

DORANTE.

Danse-t-elle toujours?

EUGÈNE.

Elle tient double emploi.

Mêlant l'art de la danse au talent du poëte,
L'esprit de ses pieds vise à sauter dans sa tête.
Sans savoir elle parle autant qu'un perroquet.

SOPHIE.

La voici!

SCÈNE XI.

EUGÈNE, AUGUSTINE, SOPHIE, DORANTE.

AUGUSTINE.

Cher auteur, j'apporte le bouquet.

(Eugène prend le bouquet et le remet à Dorante qui, lui-même, le pose sur
une table.)

EUGÈNE.

Merci!

AUGUSTINE.

Personne, ici?

DORANTE.

Tout le monde fait queue.

AUGUSTINE.

Dans la salle on va voir Paris et la banlieue;
Il en est qui pairont un orchestre dix francs.

EUGÈNE.

Pièce nouvelle, auteur nouveau : pour bien des gens
C'est assez.

DORANTE.

Le public aime qu'on le rançonne.

AUGUSTINE.

Les théâtres voisins, ce soir, n'auront personne.

SOPHIE.

Un tel empressement m'épouvante.

EUGÈNE.

Pourquoi?

SOPHIE.

Parce que je vois trop de juges contre toi.
Si l'on allait siffler!..

AUGUSTINE.

Qui l'oserait?

SOPHIE.

Que sais-je?

AUGUSTINE.

L'auteur est assuré : son talent le protége.

SOPHIE.

C'est que mon sort dépend beaucoup de son succès.

DORANTE.

Espérons.

AUGUSTINE.

Je soutiens qu'on le joue aux Français
Avant six mois.

EUGÈNE.

Alors, nous chanterons victoire!
Jusque-là bornons-nous à plus humble auditoire,
Et ne formions qu'un vœu : de voir tous nos acteurs
Recevoir les bravos de nombreux spectateurs.

AUGUSTINE.

La pièce deux cents fois sera représentée.

SOPHIE.

Mais si quelque cabale enfin était montée?

AUGUSTINE.

Non.

DORANTE.

Nous n'avons pas fait les choses à demi ;
Eugène, pour sa part, ne s'est pas endormi.

SOPHIE.

Pour n'avoir pas d'échec, oui, je sais bien qu'Eugène,
Assuré de la salle, a cherché sur la scène
Un appui. — Les acteurs paraissent ses amis ;
Il sait les dominer en se montrant soumis ;
Et, quand de fiers auteurs se font tous éconduire,
Lui, moins avancé qu'eux, parvient à se produire.

AUGUSTINE.

Aussi, pauvre aujourd'hui, sera-t-il riche un jour
Par la gloire !

SOPHIE.

Il l'espère.

AUGUSTINE, tendrement.

Et, s'il veut, par l'amour !

EUGÈNE.

Oui ?

AUGUSTINE, avec insinuation.

Pour qu'un amour feint, sur le théâtre entraîne,
Il faut d'après soi peindre et la joie et la peine.

EUGÈNE, avec suffisance.

Il suffit de comprendre et d'écrire.

SOPHIE, continuant une conversation commencée à voix basse avec

Dorante.

Je dis
Que je ne veux pas vivre avec vos érudits,
Et que, ne m'entendant qu'aux soins seuls du ménage,
Je n'irai point ailleurs faire un sot personnage.

DORANTE.

Mais le Code et la barbe un jour seront pour moi.

SOPHIE.

La force est en nous-même autant que dans la loi.

S'il faut que tout pouvoir sur la barbe se fonde,
A ce compte les boucs seront les rois du monde.
Le sceptre pour beaucoup, pourtant, n'est qu'un bâton :
La force est dans la tête et non pas au menton.

DORANTE.

Vous pourriez dire vrai : le pouvoir qu'on possède,
Quand deux cœurs sont unis, s'accroît de ce qu'il cède.

EUGÈNE.

Qu'avez-vous donc tous deux à disputer autant ?

DORANTE.

Sur ses droits respectifs chacun de nous s'étend.

SOPHIE.

Soit dit sans vous blesser. — Ne m'étant rien encore,
Vous le prenez déjà d'un ton que je déplore,
Et vous pourriez très-bien parler de me chérir,
Vous qui n'avez pas même un état à m'offrir !

DORANTE.

Un état ! j'en ai dix... Écrire est mon prétexte,
Mais tous sujets sont bons pour appliquer mon texte.
Ailleurs que sur la scène un jour je fais chanter
L'artiste de talent qui craint de me prêter ;
Un autre jour, servant les besoins du commerce,
Pour quelques gros marchands ma science s'exerce ;
Je glisse une réclame au théâtre, au journal.
Vend-on ? j'ignore ; on paye et c'est le principal.
Comme la vie est dure et qu'on ne peut trop faire,
Le billet de faveur pour moi devient affaire.
Gratis je l'abandonne aux moindres fournisseurs,
Et cette attention me vaut mille douceurs.
Je poursuis la fortune...

SOPHIE.

Elle fuit et si vite,
Que vous n'êtes pas près d'en recevoir visite.

DORANTE.

Qui sait ? Dans notre temps les métiers inconnus

Égalent en produit les plus clairs revenus,
Et tel gueux, aujourd'hui, se trouve sans ressource,
Qui, demain, aux passants pourrait ouvrir sa bourse.
Trouvez donc un état comparable à ceux-ci.

EUGÈNE.

Ces états, quelquefois, mènent droit à Poissy;
Mais tu n'en es pas là; mon cher, Sophie est sûre
Que jamais son mari n'encourra sa censure.

(Un horloger vient enlever le mouvement d'une pendule œil-de-bœuf accrochée
au fond du café.)

AUGUSTINE.

J'en ai la certitude aussi; mais il est temps
De nous rendre au théâtre.

DORANTE.

Encor quelques instants...

EUGÈNE.

Quelle heure est-il?..

DORANTE, tirant sa montre.

Il est trois heures et demie.

EUGÈNE.

Le soleil, aujourd'hui, fait grande économie;
Je croyais qu'il était, mon cher, beaucoup plus tard.
Pendant que vous allez tous les trois causer d'art,
Moi, je cours voir combien a vendu mon libraire.

DORANTE.

Ne laisse pas chez lui dormir le numéraire;
Le quibus manque ici.

AUGUSTINE.

Quelle agitation!..

Toujours aller, venir!..

DORANTE.

C'est la condition

D'un auteur non lancé.

EUGÈNE, fausse sortie.

Je compte sur la vente.

DORANTE.

Joins à ça que demain ma critique te vante...
Et nous roulons sur l'or.

SOPHIE.

                J'en fais le vœu pour tous :
Les diners gras d'ici font les maigres chez nous.
D'un repas trop souvent nous ne voyons que l'ombre :
Hier nous avons à trois déjeuné d'un concombre.

EUGÉNE.

Ce soir nous mangerons dinde ou perdreau truffé.
Souhaitez que bientôt l'auteur ait triomphé.

                      (Il sort.)

SCÈNE XII.

SOPHIE, DORANTE, AUGUSTINE.

(Ils s'asseyent autour d'une table, Dorante fait servir des glaces.)

DORANTE.

Eugène reviendra la poche bien garnie.

AUGUSTINE.

Ce que c'est cependant que d'avoir du génie !
Il ira loin.

DORANTE.

           Si rien ne l'arrête en chemin.

SOPHIE.

Nous serons sur son sort fixés avant demain.

AUGUSTINE.

Quoi! le succès pour lui n'est-il pas chose sûre ?

DORANTE.

Le public envers nous garde peu de mesure ;
Il nous fait payer cher des bravos imprudents,
Et parfois ne sourit que pour montrer les dents.

SOPHIE.

Oui, c'est bien mon avis.

AUGUSTINE.
Il sifflerait, l'infâme!..
Mais je suis de la pièce!
DORANTE.
Il n'en sait rien, Madame.
AUGUSTINE.
Qu'il le sache !
DORANTE.
Faut-il insinuer tout bas
Que l'auteur est celui qui ne se nomme pas?
AUGUSTINE.
L'auteur? non : quand la sœur chauffe un reste de tourte,
Jugeant si quelque scène est trop longue ou trop courte,
Je donne mon idée au frère, et, sur mes doigts,
Je compte si les vers sont faits selon les lois.
DORANTE.
Eugène doit par vous voir sa muse inspirée...
Ensemble nous ferions une œuvre colorée.
AUGUSTINE.
Oh ! je n'en doute pas.
DORANTE.
Tout naturellement
Je fournirais l'esprit et vous le sentiment.
AUGUSTINE.
Vraiment vous me flattez.
SOPHIE.
Il est des plus affables,
Oui, mais il est auteur d'un volume de fables.
DORANTE.
Méchante! vous pensez que je renonce à vous?
Un collaborateur peut être un bon époux.
Nous n'aurons pas, Sophie, ensemble de querelle :
Mon cœur sera pour vous et mon esprit pour elle.
SOPHIE.
Je l'entends bien ainsi.

AUGUSTINE.

Le jeudi je reçois
Auteurs, musiciens, peintres, gens sans emplois.
Vous plaît-il d'honorer ma réunion franche?..

DORANTE.

Tous mes jours sont à vous...

SOPHIE.

Excepté le dimanche.

AUGUSTINE.

Tâchant au positif d'allier l'idéal,
Pensons avec le cœur.

DORANTE.

Oui, coupons court au mal.
A peindre ce qu'il voit bornant tout son lyrisme,
L'art se traîne au milieu d'un grossier réalisme,
Et ne s'occupant plus de monter vers le beau,
Des pierres d'un palais se construit un tombeau.
Ah! ce n'est pas ainsi que procède un grand maître :
Il montre le réel dans ce qui devrait être,
Et sait toucher nos cœurs sans fausser la raison.
Pour vous dont le regard s'arrête à l'horizon,
Terre-à-terre marchez, et vos muses bénies
Produiront des talents, mais non pas des génies;
Et, bien que vous preniez pour la fécondité
De rendre exactement la stricte vérité,
Quand chez vous la matière est la beauté suprême,
L'art n'a plus qu'à périr écrasé par lui-même !

AUGUSTINE.

C'est parler à merveille et nous nous entendrons.

SOPHIE.

En vous l'art va trouver de solides patrons.

AUGUSTINE.

Qu'on enterre, au besoin, la vieille tragédie
Et le drame; il nous reste assez : la comédie.

DORANTE.

Non, quand l'hypocrisie obtient droit de cité
Comme l'étroit lien de la société ;
Quand le vice incarné succède au ridicule,
Et quand chacun fait tout pour que l'abus circule,
La comédie est morte... Oui, Molière aujourd'hui
Verrait le monde entier se liguer contre lui.
N'étant pas écoutés, ses fils doivent se taire :
Aussi beaucoup de genre et peu de caractère.
La fantaisie enfin règne seule ; après tout
Est bien sot qui prétend lutter contre le goût.
Soyons de notre siècle en travaux de spectacle :
A quoi bon se créer un invincible obstacle ;
Et, pour que le public vers nous presse ses pas,
Sachons ce qu'il faut faire et ne le faisons pas (7).
Eh! qu'importe le vrai, même la vraisemblance
Dans l'œuvre qu'au public tout un comité lance?
Pourvu qu'un grand acteur, parcourant un salon,
Puisse avec agrément tourner sur le talon ;
Pourvu qu'un rôle unique, écrit par le caprice,
Serve à mettre en relief les talents d'une actrice,
Cela suffit : l'auteur doit s'estimer heureux
D'avoir fait, malgré lui, quelque chose d'affreux !

AUGUSTINE.

En est-on réduit là ?

DORANTE.

Tout va par coterie,
Et le théâtre est moins un art qu'une industrie.

SOPHIE.

Si c'est ce que l'on veut, de quoi vous plaignez-vous ?

DORANTE.

Qui se plaint ?

SOPHIE.

Le public est maître de ses goûts.

AUGUSTINE.

Le public prend souvent pauvreté pour richesse.

DORANTE.

Oui; quant au directeur, il ne voit que sa caisse.

SOPHIE.

Sans recettes comment pairait-il ses acteurs,
Et puis les droits d'hospice, et puis les droits d'auteur ?
Tout est pour le mieux.

SCÈNE XIII.

LES PRÉCÉDENTS, EUGÈNE.

(A l'entrée d'Eugène, tous se levent.)

DORANTE.

Oui, car j'aperçois Eugène.
Grâce à lui, nous allons sortir de notre gêne.

SOPHIE.

Qu'il paraît sérieux !

DORANTE.

Il compte son trésor.

(A Eugène.)

Le débit est-il grand? Rapportes-tu de l'or?
Ton libraire est honnête, il pousse ton ouvrage ?
Il ne t'a pas trompé, dis-moi, sur le tirage ?

EUGÈNE.

Jusqu'à présent, Dorante...

DORANTE.

Il ne t'a pas triché ?

AUGUSTINE.

Il en aura vendu...

DORANTE.

Quand a-t-on affiché ?

EUGÈNE.

Hier matin, une affiche à chaque coin de rue.

SOPHIE.

La foule en sa boutique est alors accourue ?

DORANTE.

A-t-on bien sur les murs collé tous les placards ?
Car souvent sur un cent on en perd les trois quarts.

EUGÈNE.

De consolation où trouver une fiche ?
Oui, j'ai recommandé de bien coller l'affiche,
Car l'affiche autrement ne sert qu'au chiffonnier,
Qui plonge notre espoir au fond de son panier.

AUGUSTINE.

Les journaux ont sans doute annoncé votre vente ?

EUGÈNE.

En termes très-formels la gazette nous vante.

SOPHIE.

Le drame à quatre cents s'est vendu dans ce cas ?

AUGUSTINE.

Quatre cents, pensez-vous ? vous n'en approchez pas ;
C'est mille qu'il faut dire.

EUGÈNE.

Hélas ! Dieu vous entende !

AUGUSTINE.

A plus mince débit faut-il que l'on s'attende ?
C'est neuf cents ? Répondez : ai-je bien deviné ?

EUGÈNE.

Non.

DORANTE.

Ton libraire, enfin, t'aurait-il chagriné ?

EUGÈNE.

Que l'enfer contre lui déchaine ses colères !
Il n'en a pas vendu plus de trois exemplaires !

SOPHIE.

Trois, c'est bien peu.

DORANTE.

Bien peu ! Rien n'est peu ni beaucoup...

C'est relativement qu'il faut juger de tout.
Trois par rapport à neuf sont peu, je vous l'expose,
Mais placés devant un deviennent quelque chose;
Ils font un nombre triple; et de là je conclus
Qu'on a vendu beaucoup, qu'on pouvait vendre plus,
Mais que ce serait être ignorant, téméraire,
Que de venir ici soutenir le contraire.

AUGUSTINE.

Bien dit : un avocat ne parlerait pas mieux.

SOPHIE.

Il prouvera que...

DORANTE.

    Quoi?

SOPHIE.

        Deux et deux font vingt-deux.
Pour moi, je n'entends rien à compter de la sorte...
Mais, en définitif, la vente...

EUGÈNE.

        N'est pas forte :
J'ai touché douze francs...

AUGUSTINE.

        Une fois bien connu...

EUGÈNE.

Et le libraire encor ne m'a rien retenu !

SOPHIE.

Et nous qui nous bercions d'une telle espérance !

EUGÈNE.

Mais aussi, comment croire à tant d'indifférence ?

SOPHIE.

S'il faut que le public ressemble à l'acheteur,
Jamais je ne serai la femme d'un auteur.

SCÈNE XIV.

LES PRÉCÉDENTS, DERCOURT.

DERCOURT.

Tout prêt à vous servir.

DORANTE, à Augustine.

C'est un ami, Madame.

EUGÈNE.

N'étiez-vous pas parti pour aller voir mon drame ?

DERCOURT.

Oui, je sors de la salle, où Saint-Ange est resté.

EUGÈNE.

Ce monsieur qui faisait tant l'expérimenté ?

DERCOURT.

Je l'ai, bon gré mal gré, placé dans une loge.

EUGÈNE.

Je serai très-flatté d'obtenir son éloge.

DERCOURT.

Je croyais me glisser à l'orchestre... mais bah !
A la foule il m'aurait fallu livrer combat.
Le premier soir toujours le public est avide ;
En revanche, au second, la salle est souvent vide.
Pour l'instant, tout est plein.

EUGÈNE.

Vous viendrez avec nous,
J'aurai bien dans ma loge une place pour vous.

DERCOURT.

Peut-être gênerai-je ?...

AUGUSTINE.

En rien.

DERCOURT.

Merci, Madame !

(A Eugène.)

Partons, si c'est ainsi : votre œuvre vous réclame.

Sur un acte déjà le rideau s'est baissé.

AUGUSTINE.

Comment donc ! Sans l'auteur aurait-on commencé ?

DERCOURT.

La toile s'est levée à l'heure.

AUGUSTINE.

Est-ce possible !...

EUGÈNE.

Il doit être à présent...

DERCOURT, tirant sa montre.

Sept heures.

SOPHIE, regardant.

C'est visible.

DORANTE, tirant sa montre.

Trois heures et demie à mon régulateur.

AUGUSTINE.

Votre montre est, Monsieur, un triste indicateur.
Toujours au même point.

DORANTE, portant sa montre à son oreille.

Diable ! elle est arrêtée.

DERCOURT.

L'entr'acte va finir, la foule est remontée.

EUGÈNE.

Mais à sa montre aussi pourquoi nous fions-nous ?

DORANTE.

C'est que le grand ressort...

EUGÈNE.

C'est que nous sommes fous
De nous rapporter...

DORANTE.

C'est, — comprenez le mystère,
Une montre marine ; elle s'arrête à terre.

EUGÈNE.

Ne raille pas, mon cher, tu t'es mis dans ton tort.

SCÈNE XV.

DORANTE.

Pardonnez-moi, je vais monter le grand ressort.

SOPHIE.

Vous nous avez fait perdre, en attendant, un acte.

DORANTE.

Ma montre, une autre fois, tâchera d'être exacte.

AUGUSTINE, prenant le bouquet sur la table.

Hâtons-nous !

DERCOURT.

Le théâtre heureusement est près.

EUGÈNE.

Puisse rien ne faire ombre encore à mon succès !

(Ils sortent tous, excepté Dercourt, qui les suit seulement jusqu'à la porte.)

SCÈNE XV.

DERCOURT, CARLIN, venant du fond.

DERCOURT.

Carlin, toi qui sais tout... quelles sont ces deux dames?

CARLIN.

L'une est sœur de l'auteur; l'autre, une de ces femmes
Qui, partant de très-bas, gagnent quelque renom
A faire boire un punch aux artistes sans nom.
Cela dansait jadis et trouva la richesse
Dans un pas très-léger qui la fera duchesse!

DERCOURT.

Tous les petits talents doivent bien l'exploiter.

CARLIN.

Ne vous méprenez pas, la belle sait compter :
Dans la poche d'un autre, un sou vaut un centime,
Dans la sienne, au contraire, un sou vaut un décime.
Et l'homme est assez sot, égaré sur ses pas,
Pour payer cher l'amour qu'elle n'accorde pas;
Tandis que, lésinant avec la femme aimante,

Son cœur sec la punit de ce qu'elle est charmante.
DERCOURT.
C'est que l'amour souvent gît dans la vanité.
CARLIN.
L'ex-danseuse est, dit-on, dame de charité,
Et, grâce aux dons d'autrui, fait du très-pieux zèle,
Après avoir reçu plus d'un démon chez elle.
Quant à l'autre, la jeune, elle a du naturel;
C'est, à mon sentiment, un esprit corporel.
Mettra-t-elle plus tard son cœur en commandite?
Je ne sais; jusqu'ici nul ne la décrédite...
(Bruit dans la rue.)
Mais quel est donc ce bruit que dehors on entend?
(Il s'avance vers la porte.)
DERCOURT.
C'est le public qui sort du théâtre en luttant.
Quand j'entrai, la chaleur au parterre était forte;
Mille voix y criaient : « La porte! ouvrez la porte! »
C'est qu'il est révoltant, après tout, d'entasser
Dix personnes où cinq ont peine à se placer...
CARLIN.
Qu'importe? si l'on fait recette colossale,
Le public a le droit d'étouffer dans la salle.
DERCOURT, prêt à sortir.
Voyons ce que devient...

SCÈNE XVI.

SAINT-ANGE, DERCOURT; et, au fond, CARLIN,
servant les consommateurs.

DERCOURT.
Quoi! sitôt vous voilà?

Où le drame en est-il?

SAINT-ANGE, se jetant sur un siége.

Je viens de passer là
Un bien mauvais moment.

DERCOURT, s'asseyant.

L'ouvrage est insipide?

SAINT-ANGE.

Je n'ai jamais rien vu, Dercourt, de plus stupide.
Enfin, je suis dehors et je puis respirer!

DERCOURT.

Il laisse, n'est-ce pas, beaucoup à désirer?

SAINT-ANGE.

Beaucoup, assurément.

DERCOURT.

Tant pis!

SAINT-ANGE.

Je me reproche
Moins l'argent que je viens de sortir de ma poche,
Que mes instants perdus : aussi, dorénavant,
M'abstiendrai-je de voir ces drames pleins de vent.
Au risque de passer pour anti-poétique,
J'aime encor mieux Rotrou, malgré sa forme antique;
Bien qu'il soit souvent faux, j'aime encor mieux Regnard
Qu'un auteur qui fait rire en jouant du poignard.
En leur déraison même, ils sont moins condamnables
Que vos grands pourvoyeurs, lorsqu'ils sont raisonnables.
Des poëtes pareils! mais à quoi sont-ils bons?
A faire, au jour de l'an, des quatrains de bonbons!
Aussi, gens besoigneux, même quand l'art prospère,
Livrent-ils au public ce que d'eux il espère.

DERCOURT.

Mais l'auteur de ce soir n'en est pas encor là.
Lui crira-t-on : *Hélas!* lui crira-t-on : *Holà!*
Le public paraît-il écouter et se taire?

SAINT-ANGE.

Un bruit sourd s'est parfois élevé du parterre.

Il annonçait l'orage; enfin, l'acte a passé,
Mais avec défaveur un autre a commencé,
Et quoiqu'au mauvais goût le public s'accoutume,
Je ne sais trop quel sort il réserve à la plume
Du malheureux qui vient de confectionner
L'ouvrage le plus sot que l'on puisse donner.

DERCOURT.

Vraiment?

SAINT-ANGE.

          C'est incroyable... oui, ce drame illisible,
Plaqué de grands mots, vise à l'effet impossible :
Tantôt très-laconique et tantôt très-diffus,
De sentiments heurtés c'est un amas confus.
Au lieu d'en voir la marche avec art déroulée,
Le sujet est obscur, l'intrigue mal filée;
Puis des événements sans situation,
Un mouvement forcé qui tient lieu d'action;
Puis, enfin, à côté d'un délire tragique,
De burlesques tableaux de lanterne magique.
Quant au style, loin d'être et simple et gracieux,
Il se montre partout lourd et prétentieux.
Pour la moralité, n'en cherchons pas la moindre :
Des traits incohérents, qui craignent de se joindre,
En forment la substance. Et comment un auteur
Pourrait-il rien apprendre au pauvre spectateur?
Comment, lui qui du monde ignore le commerce,
Qui n'a pas observé quelle influence exerce
Le tempérament, l'âge et l'éducation,
Les préjugés, les mœurs, la législation;
Comment tracerait-il au juste un caractère,
Et que peut, franchement, en attendre un parterre?

DERCOURT.

C'est pour cette raison, sans doute, que partout
Le théâtre, au lieu d'être un temple de bon goût,
Une école de mœurs, de vertu, d'élégance,

N'est plus qu'un magasin rempli d'extravagance.

SAINT-ANGE.

Que penseront de nous les étrangers?

DERCOURT.

Ma foi,

Nous ne saurions parer au mal, ni vous, ni moi;
Rions-en, c'est le mieux que nous ayons à faire.

SAINT-ANGE.

Je n'ai pas pour cela le sang-froid nécessaire.
Les progrès du théâtre intéressent l'État,
Qui peut en obtenir le meilleur résultat;
Sur l'esprit du pays fortement il influe,
Et partout fait sentir sa puissance absolue.

DERCOURT.

La censure a, dans l'ombre, accepté le fardeau...

SCÈNE XVII.

Les précédents, DORANTE.

(A l'arrivée de Dorante, Saint-Ange et Dercourt se lèvent.)

DORANTE, accourant.

Carlin, dépêche-toi! Carlin, vite un peu d'eau!

CARLIN, au fond.

J'y vais.

DERCOURT.

Qu'arrive-t-il?

DORANTE.

Un fait pour la gazette.

(A Carlin.)

Viens, suis-moi.

CARLIN suit Dorante avec un verre d'eau posé sur une assiette. Arrivé près
de la porte, il se heurte contre Saint-Ange et laisse tomber le tout à terre.

M'en voilà pour le verre et l'assiette!

(Désignant Saint-Ange à la dame de comptoir.)

C'est Monsieur.

SAINT-ANGE, lui donnant une pièce d'argent.

Prends le prix de la casse, et tais-toi.

CARLIN, à part.

accepte pour compte... il est bien bon, ma foi !

DORANTE, empressé.

Quelqu'un de vous a-t-il de l'antispasmodique,
Un peu d'eau de mélisse?.. où trouver?.. qui m'indique?..

DERCOURT.

Tout près d'ici, je crois, demeure un pharmacien.

DORANTE.

Ah ! c'est vrai... j'oubliais... Votre secours... le sien
Pourront...

SAINT-ANGE.

Quel accident?..

DORANTE.

Messieurs, c'est une dame

Qui s'est évanouie...

SAINT-ANGE.

Au beau milieu du drame?..

SCÈNE XVIII.

LES PRÉCÉDENTS, EUGÈNE et SOPHIE, soutenant AUGUS-
TINE, qu'on fait asseoir pendant que CARLIN lui présente un verre
d'eau.

AUGUSTINE, à part, après avoir bu un peu.

Sans sucre !

EUGÈNE.

Un médecin !

AUGUSTINE.

Épargnez-vous ce soin.

DORANTE.

S'il fallait vous saigner?..

AUGUSTINE, avec intention.

Je n'en ai pas besoin.

DORANTE, bas à Augustine.

Bien.

SOPHIE.

Vous sentez-vous mieux ?..

AUGUSTINE.

Oui, je suis soulagée...

DORANTE.

Cela ne sera rien.

SOPHIE.

Vous n'êtes pas changée.

EUGÈNE.

Un pareil coup aussi devait vous éprouver.

DERCOURT.

Mais pourrait-on savoir ce qui vient d'arriver ?..

EUGÈNE.

Que dirai-je? Des sots, la foule est très-nombreuse...
De mon drame, pourtant, l'intrigue était heureuse...
Laissons ces envieux...

SAINT-ANGE.

Je ne comprends pas bien.

AUGUSTINE, souriant, à Dorante.

Comme vous l'avez dit : cela ne sera rien.

SOPHIE.

C'est très-simple : mon frère est l'auteur de ce drame...
Nous étions à le voir jouer avec Madame.
L'acte deux finissait à peine ; le public
Semblait ne pas montrer un œil de basilic.
On avait accepté trois ou quatre tempêtes,
Même un enterrement, suivi de plusieurs fêtes.
Au moment où l'auteur se croyait triomphant,
Une mère apparut avec son jeune enfant.
Tous deux mouraient de faim. D'une voix creuse, amère :
« Du pain ! » disait l'enfant. « Ah ! » répondait la mère,
« Du pain ! demande à Dieu ! Comme toi, cher petit,
« Jeûnant depuis six jours, je me sens appétit. »

Alors quelques plaisants, qui pour rien n'ont de culte,
Éternuant, toussant, provoquant le tumulte,
Lancent aux affamés, du haut du paradis,
Des écorces d'orange...

EUGENE, exaspéré.

Ils l'ont fait, les maudits !

SOPHIE.

Dès lors, vociférant, siffle à l'envi la foule ;
Sous ses pieds on dirait que la salle s'écroule.
Le vacarme est au comble, on baisse le rideau...
Et chacun de crier sur le genre nouveau...
Tout le monde s'enfuit, parterre, amphithéâtre...
Comme si l'incendie embrasait le théâtre.

EUGÈNE, montrant Augustine.

A mon œuvre, Madame a pris seule intérêt...
S'évanouir pour moi !..

AUGUSTINE.

Mon cœur tant se serrait...
En voyant le public envers vous si sévère,
Que...

SOPHIE.

Mais vous êtes mieux, beaucoup mieux que mon frère.

AUGUSTINE.

Moi !..

SAINT-ANGE, à Dorante.

L'ouvrage est tombé de toute sa hauteur !

DORANTE.

Pour tâcher d'assurer un succès à l'auteur,
Le tailleur, le bottier se sont bien mis en quatre ;
Mais, malgré leurs efforts, ils se sont laissés battre :
Aussi, très-justement, les voit-on effrayés :
Par leurs mains ils n'ont plus l'espoir d'être payés.

SAINT-ANGE.

Voilà donc les soutiens des œuvres littéraires !..

DORANTE.

Quelquefois : on a tant à craindre des confrères !

EUGÈNE.

La gloire ici me trompe, Augustine, — l'amour
Peut réparer le tort que j'éprouve en ce jour.
Si vous vouliez ?..

AUGUSTINE.

L'amour, Monsieur, trompe de même.
Je m'emploîrai pour vous comme pour ceux que j'aime ;
J'espère ainsi vous voir bientôt me pardonner
Tous les mauvais conseils que j'ai pu vous donner.

EUGÈNE.

Est-ce là tout l'espoir qu'il m'est permis d'attendre
D'un cœur qui paraissait devoir se montrer tendre ?
Si vous vouliez ?..

AUGUSTINE.

Enfant, je veux votre succès...
Au théâtre d'abord gagnez votre procès ;
Puis...

DORANTE, à Augustine.

Nous avons perdu, vous voyez, notre peine,
Vous comme moi, Madame, en patronnant Eugène.
Déterrons un génie (on en peut voir encor)
Qui n'attende que nous pour prendre son essor...
Du nom qu'il se fera nous aurons le mérite...

EUGÈNE, à Augustine.

Par vous comme par moi la pièce était écrite.

AUGUSTINE.

Je vous trouve plaisant : moi je n'y suis pour rien,
Et je puis me passer de prendre votre bien !

SOPHIE.

Mon frère !..

EUGÈNE.

Le public me cause un préjudice ;
Mais de mes ennemis je veux avoir justice.

Non, qu'il ne soit pas dit qu'à son second tableau,
Un drame si brûlant doive tomber dans l'eau!
Pour donner plus de prix aux sentiments sceptiques,
On traite avec dédain les esprits poétiques;
Mais je saurai bien rendre à chacun son mépris
En marquant d'un fer chaud les crétins de Paris.

SAINT-ANGE.

Craignez un autre échec.

EUGÈNE.

        Je ne m'occupe guère
D'être blâmé, Monsieur, ou loué du vulgaire.
J'écris comme je pense, et cela me suffit
Pour croire qu'il me faille y trouver du profit.
Un autre échec!.. mieux vaut une chute effroyable
A traiter justement un sujet honorable
Que ces honteux succès qui prouvent que l'auteur
Vit dans un monde faux autant que corrupteur.
Moi, mon monde est honnête; il l'est trop.

DERCOURT.

                C'est dommage;
Le public n'est pas fait toujours à son image.

EUGÈNE, à Dorante.

Plus connaisseur que lui, mon ami, tu sais, toi,
Tout ce que vaut ma pièce...

DORANTE.

       Hélas! oui.

EUGÈNE.

            Venge-moi.
Informe ces Messieurs...

         (Il lui donne le manuscrit de son drame.)
        Lis-leur le second acte :
Ils verront que la scène est naturelle, exacte.

DORANTE, posant le manuscrit sur une table.

Je voudrais, cher ami, me charger de ce soin...

SAINT-ANGE.

Nous vous en dispensons.

DORANTE.

Mais ailleurs j'ai besoin...

EUGÈNE.

Tu me quittes...

(A Augustine.)

Et vous ?..

AUGUSTINE.

Monsieur, si nos présences
Pouvaient vous soulager...

DORANTE.

Nous resterions, tu penses ;
Quant à moi, ton état me devient très-cruel...
J'aimerais mieux me voir sur les bras un duel.

EUGÈNE.

Tu crains cependant bien le pistolet, l'épée ?..

DORANTE.

C'est que par eux, souvent, notre attente est trompée.

EUGÈNE.

Et nos projets à tous... ils auront abouti...

DORANTE.

A faire un drame et puis...

SAINT-ANGE.

A s'être repenti.

EUGÈNE.

A m'être repenti !... Non, ce que je regrette
C'est de n'avoir pas eu plus habile interprète.
Ma pauvre pièce !..

DORANTE.

Est morte... En ce moment j'écris
L'histoire du théâtre en faveur des proscrits.
Eh bien ! je citerai ton drame avec louange ;
Je dirai qu'on pouvait en faire un plus étrange,
Enfin un plus risqué ! Je soutiendrai surtout

Que s'il n'est pas toujours conduit avec bon goût,
Que si, dans son ensemble, il manque d'harmonie,
C'est parce que l'auteur est homme de génie.
Je tairai ses défauts...

EUGÈNE.

Quels défauts ?

DORANTE.

Ceux qu'il a.

EUGÈNE.

Tout à l'heure, pourtant, tu ne tenais pas là
Ce langage.

DORANTE.

C'est vrai : craignant pour ton ouvrage,
Je voulais te donner quelque peu de courage.

SAINT-ANGE.

Vous le trompiez, Monsieur, pour le perdre plus tôt.
Au lieu de l'exposer à passer pour un sot,
Quand son drame, à vos yeux, n'excitait que le rire,
Que ne l'engagiez-vous à ne jamais écrire !

DORANTE.

C'est qu'il n'eût pas compris que son drame est mauvais.

SAINT-ANGE.

Il est donc mauvais?

DORANTE.

Oui.

EUGÈNE.

Que dis-tu ?

DORANTE.

Je savais
Qu'il n'irait pas bien loin.

SOPHIE.

Vous plaisantez, Dorante ?

SAINT-ANGE.

Il dit la vérité.

SOPHIE.

Je suis une ignorante.

Mais, si souvent, Monsieur parlait de grands succès...
EUGÈNE.
Au nouveau genre, enfin, on veut faire un procès...
Et c'est moi qu'on immole, oui !.. Mais toi qui me blâme,
Après avoir vanté chaque effet de mon drame,
Que me faut-il penser ?
DORANTE.
Que je suis de l'avis
Du public sur la pièce, et qu'à tort j'écrivis...
EUGÈNE.
Ainsi, pour te jouer plus tard de ma souffrance,
Tu m'as comblé d'éloge et rempli d'espérance !..
Lorsqu'il en était temps, ah ! que ne m'as-tu dit !..
DORANTE.
Tu pouvais réussir... le public applaudit
Tant de prose et de vers que la raison condamne!..
C'était à toi de voir...
EUGÈNE.
Que je n'étais qu'un âne !
Et tu n'as pas rougi, ce soir, de m'exposer
Aux brocards de chacun.
DORANTE.
Je te voyais oser...
Du reste, ose toujours : un poëte d'élite,
Corneille, avant le Cid, n'a-t-il pas fait Mélite ?
Imite ces auteurs qui, pour notre agrément,
Composent, bien qu'ils aient des chutes constamment.
Avec quel flegme heureux ils affrontent l'orage !
A peine livrent-ils au théâtre un ouvrage,
On les siffle. Aussitôt en arrive un second;
On les ressiffle. Alors, dans leur calme profond,
Ils récrivent plus fort... O têtes de génie!
Pour qui tant de sifflets forment une harmonie.
EUGÈNE.
Je vais me mettre à l'œuvre en stoïque Romain :

Tu sais que nous avons lecture pour demain?

DORANTE.

Je n'y puis assister : une importante affaire...

EUGÈNE.

Ta présence pourtant me serait nécessaire.

DORANTE.

Mon crédit était grand : je me suis remué,
Mais je ne peux plus rien... les sifflets t'ont tué!..

EUGÈNE.

Je dois ressusciter; une chute éclatante
Vaut mieux qu'un plat succès.

DORANTE.

La scène encor te tente?
Va, crois-moi, fuis, mon cher, ce mirage trompeur.

EUGÈNE.

Les dangers ne sont rien lorsqu'on n'en a pas peur.

DORANTE.

Tu prétends t'imposer?.. Es-tu millionnaire
Pour prêter au théâtre, ou quelque actionnaire
Va-t-il te présenter de force au directeur?

EUGÈNE.

Je ne veux rien devoir qu'à mon talent d'auteur.

DORANTE.

Esprit naïf!... Souvent, c'est assez triste à dire,
On rejette le bon pour accepter le pire.
Tu lis?.. Un juge dort sur les plus beaux endroits...
Un autre prend et tourne un papier sous ses doigts;
Un troisième chantonne ou conte une anecdote...
Et puis le comité gravement passe au vote.

EUGÈNE.

Quoique tu puisses dire, enfin j'ai résolu...

DORANTE.

De te voir refuser après avoir bien lu?

SOPHIE.

Ah! vous avez raison de détourner mon frère...

DORANTE.

A lui d'être, s'il veut, prudent ou téméraire ;
Je ne prétends en rien lui faire la leçon,
Non plus qu'à vous... Hélas! je dois rester garçon!..

SOPHIE.

Soyez heureux !

AUGUSTINE, à Dorante.
Partons.

SOPHIE, à Eugène.
L'amitié se dérobe.

DORANTE, à Augustine.

Un fiacre ?

AUGUSTINE, sortant avec Dorante.
Non cela chiffonnerait ma robe.

SCÈNE XIX.

SAINT-ANGE, EUGÈNE, SOPHIE, DERCOURT.

EUGÈNE.

Après mon dévoûment me fuir, le scélérat!

SOPHIE.

Mon frère, ne fait pas qui le veut un ingrat.
Pour moi, j'en suis contente, il ne m'eût pas aimée!..
Si j'ai quelque souci, c'est pour ta renommée.

EUGÈNE.

Et cette femme aussi qui voulait partager
Mon sort. Mon insuccès l'a bientôt fait changer.
Après tout, elle est libre... et j'ai, dans ma tristesse,
La consolation qu'elle soit de la pièce;
Car elle y mit du sien, ma sœur... précisément
Les passages sifflés impitoyablement.

DERCOURT.

Vous pouvez, en ce cas, prendre votre revanche.

EUGÈNE.

Oui, je veux essayer de ce public dimanche ;
Sans arrière-pensée il donne son argent,
Et, pourvu qu'on l'amuse, il n'est pas exigeant.

SOPHIE.

Crains d'avoir à subir une nouvelle chute.

DERCOURT, à Saint-Ange.

La sœur a du bon sens.

EUGÈNE.

                    La vie est une lutte,
Celle d'auteur surtout.

SAINT-ANGE.

                    C'est un cruel combat.

EUGÈNE.

Aujourd'hui, j'en conviens, la cabale me bat ;
Mais, demain, devenu maître de l'auditoire,
Je saurai brillamment remporter la victoire.

SAINT-ANGE.

Vous bercez-vous encor d'une pareille erreur ?

EUGÈNE.

Et pourquoi du théâtre aurais-je donc horreur ?
Est-il pour mes rivaux un sujet d'épouvante ?
S'il en est qu'on décrie, il en est que l'on vante !
A force de travail le talent me viendra.

SAINT-ANGE.

Pour vous faire échouer cela seul suffira.
Le talent chérit l'art, avant tout le respecte ;
Il ne fait pas d'argent, dès lors on le suspecte.

DERCOURT.

Oui. — Dans un temps stérile, en sérieux auteurs,
On peut, sans murmurer, voir les calculateurs
S'emparer de la scène, y débiter leur prose ;
Mais, en des jours meilleurs, ce doit être autre chose.
Cependant qu'au théâtre, où le progrès est lent,
L'art accorde le gain avec le vrai talent,

Vous n'en verrez pas moins arriver les manœuvres
Par l'intrigue. . employée en dehors de leurs œuvres;
Dédaignés de la ville, entraîner les faubourgs,
Et bâtir des villas sur de gros calembours.

SAINT-ANGE.

Vous concluez?..

DERCOURT.

Qu'il faut à Monsieur du courage...

SAINT-ANGE.

Monsieur croit avoir fait un excellent ouvrage;
Ne lui confirmez pas que son œuvre a du prix.
Eh! comment saurait-il ce qu'il n'a pas appris?
Comment pourrait-il voir que le plus beau génie
Veut que chez lui l'étude aux règles soit unie;
Qu'il est une méthode à suivre dans chaque art,
Sous peine de marcher en aveugle, au hasard.
Quoi donc! pour être auteur il suffirait d'écrire
Un long drame prêtant moins à pleurer qu'à rire!
Une œuvre sans logique, et puis de s'écrier :
« Je suis poëte, moi!.. » Non, c'est injurier
Le vrai talent. Pour faire un drame qui ressemble
A celui de ce soir, où rien ne tient ensemble,
Assurément il faut peu d'étude et de temps;
Mais pour en faire un bon, un des plus méritants,
Il faut un esprit vaste, observateur, sensible,
Un jugement exquis, un sentiment flexible,
Un tact plein de finesse... Encore avec ceci,
N'est-on pas toujours sûr d'avoir bien réussi.

EUGENE.

Vous critiquez le genre actuel; mais, s'il passe,
Messieurs les gens d'esprit, qu'aurez-vous à sa place?
Si mon regard lit bien, de loin comme de près,
Je vois un changement beaucoup plus qu'un progrès (8);
Je vois de fiers talents qu'on ne citerait guères,
S'ils ne mettaient en jeu les passions vulgaires.

SAINT-ANGE.

Ceux que vous attaquez, vous valent pour le moins.
De nombreux spectateurs, de leurs succès témoins,
Diront tout ce qu'ils ont et d'esprit et de verve;
Que de fâcheux écarts leur bon sens les préserve.
Si vous deviez jamais atteindre leur hauteur,
Je vous dirais : Monsieur, vous pouvez être auteur.

EUGÈNE.

Puisque je ne suis pas fourni de sel attique,
Ne pouvant faire mieux, je me ferai critique.

SAINT-ANGE.

Critique! y songez-vous? avec quels éléments?
Forgez, c'est plus aisé, vos drames, vos romans.
Critique! mais cet art exige une science
Que vous n'avez pas.

EUGÈNE.

Non; mais j'ai la conscience.

SAINT-ANGE.

C'est un mérite.

EUGÈNE.

Certe! et que beaucoup n'ont pas.

SAINT-ANGE.

C'est cela qui, je crois, les tire d'embarras.
Mais vous, dans ce métier où vous seriez honnête,
Les sots que vous loûriez vous traiteraient de bête.
Il faudrait mordre afin de n'être pas mordu.

EUGÈNE.

Tout m'étant interdit, alors je suis perdu?

DERCOURT.

Vous pouvez aisément vous faire journaliste.
N'a-t-on pas d'état?.. vite on s'inscrit sur la liste
De ceux qui, pensant peu, parlent souvent beaucoup...
Et puis avec l'agneau l'on devient un peu loup;
Car tel qui, disant vrai, grelottait dans son bouge,
Pour avoir bien menti reçoit le cordon rouge.

Aujourd'hui pour le Grec, demain pour le Troyen,
On met par le journal à profit tout moyen.
Voltairien, dévôt selon la circonstance,
On voit par qui de droit payer son assistance;
On encense l'idole... on fait peur aux peureux,
Et l'on a des amis... tant que l'on est heureux!

EUGÈNE.

Ce métier me répugne... il faut qu'on y prodigue
Trop de blâme ou d'éloge... et puis l'esprit d'intrigue
Que le journal exige, est peu mon fait.

SAINT-ANGE.

> Très-bien!

EUGÈNE.

Et pourtant je ne puis, Messieurs, vivre de rien!
Je suis désespéré, confondu... tout me manque!
Je comptais sur mon drame autant que sur la banque;
Il me ruine! Hélas! dans mon illusion,
J'ai tout sacrifié pour son impression.

DERCOURT.

On peut avec le temps vendre les exemplaires.

SAINT-ANGE.

Le public ne va pas demander aux libraires
Un drame qu'au théâtre il n'a pas accepté!
Ils ne se vendront point.

EUGÈNE.

> Et, d'un autre côté,

Après m'avoir bercé de superbes recettes,
Dorante, le fripon... me laisse avec ses dettes.
Que vais-je devenir? Je vois mes créanciers
Invoquer contre moi la rigueur des huissiers...

SOPHIE.

Messieurs, enseignez-lui l'art de battre monnaie,
Car moins on peut payer, plus il faut que l'on paie.

SAINT-ANGE, à Eugène.

Vous n'avez qu'à souscrire une obligation...

EUGÈNE.

J'ai des billets échus, en circulation...
Ah! quel engagement nouveau pourrais-je prendre,
Lorsqu'aux anciens déjà je ne saurais entendre.

SAINT-ANGE.

Avec le traitement d'un emploi, doucement
Vous vous acquitteriez...

EUGÈNE.

N'en ayant pas, comment?..

SAINT-ANGE.

Qu'étiez-vous autrefois?..

EUGÈNE.

J'étais commis aux vivres.

SAINT-ANGE.

C'était beaucoup plus sûr que d'écrire des livres,
Quand vous ne trouvez là que misère et mépris ;
Faites-vous bonnetier... la futaine a son prix!..

SOPHIE.

Mais il faut de l'argent, Monsieur, dans le commerce.

SAINT-ANGE.

C'est juste.

EUGÈNE.

Et sans un sou l'état d'auteur s'exerce.

SAINT-ANGE.

Lorsqu'on peut l'exercer. Lorsqu'on ne le peut pas,
Il faut faire autre chose.

EUGÈNE.

Oui, mais...

SOPHIE.

Tu dissipas
Le peu que nous avions afin de mieux poursuivre
Un métier qui n'est rien dès qu'il ne fait pas vivre ;
Renonces-y.

EUGÈNE, se frappant le front.

Pourtant j'ai quelque chose ici!..

SOPHIE.

Je n'y vois, quant à moi, que misère et souci.
Pour ton cœur, il est bon, plein de délicatesse...

EUGÈNE.

Voilà précisément ce qui fait ma tristesse :
Partout je vais passer pour homme indélicat,
Parce qu'une imprudence...

SOPHIE.

           Et pas un avocat
Ne voudra te défendre, et Sainte-Pélagie
Va se fermer sur toi !

EUGÈNE.

         Je perds toute énergie...
Sans toi, cruel argent! on n'a pas de valeur...
Je dirai plus : tu fais pardonner au voleur!
On parle à notre cœur morale avant d'être homme;
Mais le veau d'or au monde est tout ce qu'on renomme;
Aussi, quand méprisant les gros sous de Plutus,
Un esprit droit s'efforce à vivre de vertus,
Bientôt il s'aperçoit qu'en chemin l'honneur verse,
Et que du bien qu'on prêche il faut prendre l'inverse.

SAINT-ANGE.

Cette réflexion, tout en votre faveur,
Prouve que vous pouvez cesser d'être un rêveur.
Savez-vous bien écrire?..
(Eugène tire de sa poche un papier qu'il met sous les yeux de Saint-Ange.)
        Oui, l'écriture est nette,
Elle me plaît.

EUGÈNE.

      Monsieur, c'est une chansonnette
Que l'on devait chanter... le trait en est mordant.

SAINT-ANGE.

Mais il ne vous mettra jamais rien sous la dent;
Laissons la chansonnette aller avec le drame.

EUGÈNE.

Ma pièce figurait des mieux sur le programme;
Faute, hélas! de pouvoir attendre quelque temps,
Dois-je donc renoncer à mes travaux constants?

SAINT-ANGE.

Au lieu d'un métier vague où sans frein on galope,
Et qui s'appuie en l'air, comme les tours d'Ésope;
Où deux vivent sur vingt qui touchent des zéros;
Au lieu de voir couvrir la voix de vos héros
Par l'éclat du trombone ou le sifflet du fifre;
Pour peu que vous ayez quelque goût pour le chiffre,
Je veux faire de vous dans trois ans un banquier.
Négociant à Londre, à Paris boutiquier,
Je sais comment traiter grande et petite affaire;
Entrez dans mes bureaux : vous aurez fort à faire,
Mais bientôt vous verrez votre budjet enflé...
Cela vaudra pour vous mieux qu'un drame sifflé.

EUGÈNE.

Laissez-moi réfléchir...

SAINT-ANGE.

      Réfléchissez, mais vite.

SOPHIE.

Ah! mon frère, abandonne un public qui te quitte.

EUGÈNE.

J'hésite : j'aurais bien désiré hasarder...

DERCOURT.

J'aperçois des messieurs qui vont vous décider.

SCÈNE XX.

LES PRÉCÉDENTS, UN HUISSIER, UN GARDE DU
COMMERCE, RECORS, etc.

L'HUISSIER.

Dans votre logement, où gît la poésie,

Nous n'avons pu sur rien pratiquer la saisie:
De carence j'ai donc dressé procès-verbal.

EUGÈNE.

Mais...

L'HUISSIER.

Comment faites-vous quand vous allez au bal?

EUGÈNE.

Moi? je loue un habit.

L'HUISSIER.

Vous êtes la misère

En habit?

EUGÈNE.

Oui, Monsieur.

L'HUISSIER.

Pourtant mon ministère
Me prescrit d'opérer... vous voyez...

EUGÈNE.

Vos recors.

L'HUISSIER.

Nous avons contre vous, Monsieur, prise de corps.
Un garde du commerce a bien voulu me suivre...
A Sainte-Pélagie il va vous mener vivre ;
A moins qu'à l'instant même, en beaux deniers comptants,
Vous n'acquittiez la dette et les frais existants.
Eh bien ! que faisons-nous?..

EUGÈNE.

Me trouvant sans ressource,
Je livre ma personne à défaut de ma bourse.
Sûr de manger du moins, dans ma captivité,
Je serai plus heureux qu'avec la liberté !

SAINT-ANGE.

En être réduit là !

DERCOURT.

Pauvre garçon !

SOPHIE.

Mon frère,

Je vendrai...

L'HUISSIER.

C'est fâcheux, mais je n'y puis rien faire.

SAINT-ANGE.

Eh bien, moi je ferai : congédiez vos gens.

L'HUISSIER.

Les créanciers pour vous seront moins exigeants.

(Sur un signe de l'huissier, les recors se retirent vers la porte de la rue.)

SAINT-ANGE.

Pour combien poursuit-on ?

L'HUISSIER.

La somme n'est pas forte :
Trois cents francs, plus les frais de justice.

SAINT-ANGE.

On les porte ?..

L'HUISSIER.

A sept cents.

SAINT-ANGE.

A moitié ruiné, par ce fait
Un pauvre débiteur l'est bientôt tout à fait.

DERCOURT.

La procédure en France est chose économique.

L'HUISSIER.

N'en riez pas !

DERCOURT.

Non, non, car ce n'est pas comique.

SAINT-ANGE.

On vous doit mille francs ?

L'HUISSIER.

Un peu plus serait dû,
Mais j'ôte le centime et le timbre perdu ;
J'en fais grâce à Monsieur pour le prendre à ma charge.

SAINT-ANGE.

Dans votre compte d'huissier vraiment vous êtes large,
Mais sans prétendre ici faire le gros payeur,
Je veux solder la note en toute sa rigueur.

EUGÈNE, aux genoux de Saint-Ange.

Merci!

SOPHIE.

Vous le sauvez !

SAINT-ANGE.

Il le faut; c'est justice.
Après tous mes conseils il est temps que j'agisse.
(Il prend un billet de banque dans son porte-feuille et le donne à l'huissier,
qui remet en échange un dossier.)
Tenez.

L'HUISSIER.

C'est beau de voir ici payer pour lui,
Quand tant d'autres, partout, prennent le bien d'autrui.
(Il sort avec le garde du commerce et les recors.)

SCÈNE XXI.

EUGÈNE, SAINT-ANGE, SOPHIE, DERCOURT.

EUGÈNE.

Que vous dois-je, oh! Monsieur?

SAINT-ANGE.

Le montant de vos dettes.

DERCOURT.

Très-bien; ce trait prendra place dans les gazettes.

SAINT-ANGE.

Gardez-vous d'en parler : c'est un triste métier
De ne faire le bien que pour le publier.
Trop de témoins déjà...

DERCOURT.

Que la main gauche ignore
Ce que donne la droite. Un bienfait nous honore
Tant qu'il reste caché ; mais il perd de son prix
Dès l'instant qu'il figure aux journaux de Paris.

SAINT-ANGE.

Qui vous dit que je donne à Monsieur?.. Je lui prête.

SCÈNE XXII.

LES PRÉCÉDENTS, DUPRÉ, CLAQUEURS.

DUPRÉ, feignant un air contrit.

Ah ! si vous aviez mieux travaillé de la tête,
Vous eussiez épargné du labeur à nos mains.

EUGÈNE, lui tournant le dos.

Vous...

DUPRÉ.

Ne vous montrez pas Grec avec les Romains.

EUGÈNE.

J'ai chuté !

DUPRÉ.

La besogne a par nous été faite ;
Le vaincu, vous savez, doit payer la défaite.
Mes claqueurs ont besoin.

EUGÈNE.

Je les ai fait dîner.

DUPRÉ.

Demain matin, Monsieur, il faudra déjeuner.

EUGÈNE.

Contre la faim, plus qu'eux je vois ma vie en lutte.

DUPRÉ.

Nous ne saurions pourtant nous payer d'une chute.
A l'auteur qui s'assure on sait ce que l'on doit ;
Nous n'applaudissons pas, Monsieur, du bout du doigt,
Comme fait le public. Que le succès échappe,
Plus l'œuvre est en danger, plus il faut que l'on frappe !
Aussi, pour soutenir un ouvrage perdu,
S'écorche-t-on les mains.

SAINT-ANGE.

Combien vous est-il dû?

DUPRÉ.

Le mal étant doublé, Monsieur nous paîra double.

EUGÈNE.

Dans l'établissement vous apportez le trouble.

DUPRÉ.

Le trouble? Qui s'en plaint? le maître du café?
Mais il ne nous a pas encore apostrophé.

EUGÈNE.

Non, mais le garçon vient.

CARLIN.

Monsieur, voici la carte.
Le patron veut toucher la note avant qu'on parte.

SAINT-ANGE.

Je me charge de tout.

CARLIN.

Alors, c'est différent.

DUPRÉ, à Saint-Ange.

Vous, Monsieur?... C'est agir comme pas un parent.
Si vous faites jamais jouer un mélodrame,
Je veux qu'il réussisse, ou j'y perdrai mon âme.

EUGÈNE.

Que n'avez-vous pour moi montré pareille ardeur?

DUPRÉ.

Nous prendrons des battoirs...

EUGÈNE.

Non! j'ai plus de pudeur!
Non! j'ai brisé ma plume, ou plutôt je la garde
Pour un travail meilleur... Ah! lorsque je regarde
En arrière, combien dois-je me croire heureux
De sortir à ce prix d'un pas si dangereux.

(Pendant qu'Eugène parle, Dupré, que Saint-Ange vient de payer, **va s'attabler**
au fond du café avec ses claqueurs.)

SAINT-ANGE, à Eugène.

Vous êtes mon commis ; quant à Mademoiselle,
Ma femme aura plaisir à seconder son zèle.

SOPHIE.

Nous vous devrons donc tout ?

SAINT-ANGE.

Vous nous devrez un prêt ;
Notre argent produira dans vos mains intérêt.
Au lieu d'une existence où l'ennui vous enlace,
Vous trouverez un jour, tenant bien votre place,
Loin du fatal écueil où vous eussiez péri,
Vous, une femme aimante...

(A Sophie, en regardant Dercourt.)

Et vous, un bon mari.

SOPHIE.

Un mari qui vaudra mieux que monsieur Dorante.

DERCOURT, lui prenant la main.

Qui, vous offrant son cœur escorté d'une rente,
Saura joindre, à goûter un bonheur sans égal,
Le plaisir d'être père à l'amour conjugal.

SAINT-ANGE, montrant le manuscrit posé sur la table.

Ramassez votre drame : au café l'on clabaude...
Un plaisant en pourrait faire une gorge chaude.

EUGÈNE, prenant le manuscrit.

Au diable pour toujours imprimés, manuscrits !
Demain je brûle tout, et jamais je n'écris.

SOPHIE.

Permets-moi de fournir, frère, les allumettes.

EUGÈNE.

Sur mes nombreux papiers je veux que tu les jettes...
Nous en ferons ensemble un feu des plus brillants.

SAINT-ANGE.

Pour l'honneur du pays et des esprits saillants,
Plaise à Dieu que bientôt nos cruels dramatistes
Cessent de se jouer du public, des artistes,

De pervertir le goût qu'ils disent réformer,
Et dans le naturel sachent se renfermer!
(Au public.)
Deux auteurs, inspirés d'un esprit tout caustique,
Vous font, en ce moment, juges de leur critique.
L'un est mort regretté, Messieurs ; quant au vivant,
Chez l'oracle son sort dépend d'un coup de vent.

FIN.

NOTES

Note 1, page 5.

Ici se trouvent rayés, dans le manuscrit, les vers suivants, comme ralentissant la marche de la scène, plus rapide chez Moratin. L'aperçu que Gérard de Nerval donnait, dans ce dialogue, du caractère de Saint-Ange, faisait moins connaître ce personnage que sa manière de parler et d'agir. Nous gagnons à cette coupure la suppression d'un bavardage qui rendait trop important le rôle d'un garçon de café, en l'admettant à des confidences exagérées :

Mais quoi, vous l'ignoriez ?

> DERCOURT.

Certe, et je le regrette.

> CARLIN.

Vous allez voir l'annonce.

(Il s'approche de Saint-Ange endormi.)

Après vous la gazette ?
Le pauvre homme, il paraît, en a bien assez lu !

(Il prend le journal.)

> DERCOURT.

Eh ! c'est le cher Saint-Ange ! Il ne m'aura pas vu.

> CARLIN.

Je le crois ; mais, Monsieur, vous semblez le connaître.
Assez souvent ici nous l'avons vu paraître,
Sans rien savoir de lui, car il est d'une humeur !..

> DERCOURT.

C'est un homme estimé, fort riche, plein d'honneur,
Généreux, mais de qui la franchise intraitable
A bien des orgueilleux paraît insoutenable,
Une espèce d'Alceste.

> CARLIN.

Ah ! je comprends, j'ai lu...

DERCOURT.

Qu'il dorme encore un peu ; mais que me disais-tu ?

CARLIN.

C'était pour cette pièce, et vous aviez envie
De connaître l'annonce !

NOTE 2, page 5.

Ici encore sont raturés ces quatre vers :

DERCOURT.

Quel est l'intitulé ? CINQ ACTES : *comédie,
Vaudeville, opéra, drame,* enfin *tragédie.*
Une pièce, en un mot, comme nous les aimons :
Quels auteurs !

CARLIN.

Pour l'esprit, ce sont de vrais démons !

NOTE 3, page 6.

Après ce vers, est également rayé ce passage où le poëte français
s'était laissé entraîner à traduire trop fidèlement l'auteur espagnol :

Et puis, vous connaissez notre jeune première ?..

DERCOURT.

Dont la petite-fille a la mine si fière,
Mais au gros Dorimon fait toujours les doux yeux.

CARLIN.

Eh bien ! monsieur Dorante avec elle est au mieux,
Va la voir le matin, sait flatter ses caprices,
Et lui rend comme ça quelques petits services :
« Dorante, allez donc voir si mon costume est prêt ;
« Dorante, à mes serins donnez donc du millet ;
« Veuillez aller chercher du feu chez la voisine. »
Ou bien encore : « Dorante, allez à la cuisine,
« Et voyez si le pot commence d'écumer. »
Par tous ces petits soins il s'en fait estimer.
La noce jusqu'ici ne s'est point encor faite,
Le futur étant gueux ainsi que le poëte :
Mais cette affaire-là les remettant à flot,
Les accords projetés sont conclus au plus tôt.

Note 4, page 14.

Bien qu'admis au cercle de Victor Hugo, peut-être Gérard de Nerval, — romantique par le fond, classique par la forme, — fait-il allusion à la fameuse préface de Cromwell, où le chef du nouveau *cultisme* venait de jeter les bases d'une école que perdit l'abus d'une imagination déréglée ; école remplacée par une autre prête à tomber sous l'excès contraire, pour s'être exclusivement enchaînée au *bon sens* qui peut satisfaire aux besoins de l'esprit, mais est loin de répondre à tous les élans de l'âme.

Note 5, page 23.

VARIANTE :

De quadriges d'airain ravis aux étrangers, etc.

Sentiment patriotique qui mérite d'être applaudi ; malheureusement, pour les triomphes de l'empire, les chars de victoire versèrent avant d'arriver au but, et les vaincus purent reprendre les dépouilles que les serres de l'aigle leur avait enlevées.

Note 6, page 28.

Là s'arrête le manuscrit de Gérard de Nerval. Peut-être cette indication est-elle superflue ; car, malgré mes efforts pour assimiler ma manière de faire à celle de mon devancier, le lecteur saura voir la nuance tranchée qui existe entre nos deux styles. Ma façon de sentir et de m'exprimer me rendent, je le crains, inapte à mêler ma pensée à celle de qui que ce soit, parce que ma nature d'esprit, tendant toujours à rester elle-même, manque de cette flexibilité qui réunit en un faisceau homogène les idées échappées des cerveaux en apparence les plus opposés.

Note 7, page 39.

Précepte émis par Lope de Vega dans son *Arte nueva de hacer Comedias.* « J'ai essayé quelquefois, dit-il, d'écrire des comédies en suivant les préceptes que peu de personnes connaissent ; mais aussitôt que je vois des œuvres monstrueuses, faites seulement pour les yeux, attirer la foule émerveillée de ces tristes spectacles, je reviens alors aux habitudes barbares ; et lorsque j'ai à écrire une comédie, je renferme les principes sous dix clefs, et je congédie de mon cabinet Plaute et Térence, pour qu'ils ne murmurent pas contre moi ;

car la vérité jette des cris jusque dans les livres muets. J'écris donc suivant la manière qu'ont inventée ceux qui recherchaient les applaudissements du vulgaire ; car enfin, puisque c'est lui qui paye, il est très-juste de lui parler, même en ignorant, pour lui faire plaisir *. » On voit, par ce court fragment, que le fécond Lope doit être considéré comme la souche de cette pépinière de pourvoyeurs dramatiques qui, se perpétuant jusqu'à nos jours, aiment mieux flatter le mauvais goût du public que d'essayer de le redresser.

NOTE 8, page 64.

Entraîné par l'esprit de critique, j'avais placé en cet endroit une tirade que j'ai cru convenable de retrancher, comme étant plus du domaine de la satire que de la comédie. Moratin et Gérard de Nerval n'ayant voulu, dans leur œuvre, faire aucune application personnelle, j'ai dû suivre leur exemple. Je rétablis dans cette note le passage supprimé, pour ceux que n'effarouche pas la franchise aristophanesque dont Molière se servit, bien qu'il vécût dans une société moins libre que celle d'Athènes.

Je vois (disait Eugène)

Le théâtre fermer sa porte sur l'orgie,
Mais la scène, au total, n'être pas mieux régie.
Parlons de ses soutiens. — Prêt à dominer tout,
L'un avec du génie, hélas! manque de goût ;
Et, quand la gloire allait l'inscrire sur sa liste,
Frappe sa muse au cœur et devient libelliste.
   Classico-romantique, écrivain de détail,
L'autre en plein dans la masse égare son travail,
Et des chants de Tyrtée au coin du feu s'inspire,
En se faisant porter par Racine et Shakspeare.
   Publiant en un jour plus qu'un autre en six mois,
Celui-ci, d'une main, écrit comme avec trois ;
Entouré du labeur des commis qu'il dirige,
Il sait prouver combien plume marchande oblige ;
Satisfait d'amuser dans ses drames-romans,
Il n'offre avec esprit que faux événements.
   Celui-là, déroulant les mœurs des courtisanes,

---

* N'ayant pas le texte espagnol sous les yeux, je me trouve heureux d'avoir recours à la traduction de M. Ernest Lafond.

Présente leur martyre en exemple aux profanes,
Pendant que son voisin, cherchant l'esprit gaulois,
Suit son heureux caprice et gouverne sans lois.
    Grâce aux Warvicks, qui font et défont dans la presse,
J'en vois un recevoir ses titres de noblesse.
Loin d'entraîner son siècle à sa suite, il le suit;
Sans jamais diriger, toujours il est conduit
Au lieu de s'efforcer de peindre un caractère,
Avec ses auditeurs il marche terre à terre;
N'allant jamais plus loin qu'un sujet accepté,
Il arrive au *bon sens* par la vulgarité.
Beau talent sans génie, il réussit... la cause?
C'est qu'il répète en vers ce qu'on a dit en prose.
Content de faire école, admis à la *Crusca*,
Il ne lui manque plus que le *vis comica*.
    Un dernier, exaltant les vertus méconnues
Des voleurs, croit devoir les porter jusqu'aux nues;
Et, pour mieux leur ouvrir dans le monde un accès,
A la société faire un triste procès.
Puis comme, en fait d'auteurs, bons chiens chassent de race,
Tous ont déjà des fils pour effacer leur trace,
Et faire, après Corneille et Molière, aux Français,
Trôner le vaudeville avec quelque succès.
Mais, taisons-nous; cessons de faire des battues
Contre ceux qui déjà s'érigent des statues;
Contre ces grands lettrés dont le moindre coup d'œil
Dirait que mon esprit n'atteint pas leur orgueil.
Oui, laissons composer nos poëtes à l'aise :
De peur que ma censure aux croyants ne déplaise,
J'en passe et des meilleurs! car j'en ai dit assez
Sur les talents futurs et les talents passés.

SAINT-ANGE.

Tout en vous exprimant comme un des vieux prophètes,
Le mal que vous voyez, vous-même vous le faites, etc.

FIN DES NOTES.

OUVRAGES DE M. ARTHUS FLEURY

Françoise de Rimini, et **Eufemio de Messine**, tragédies de Silvio Pellico, traduites de l'italien, la première en vers, la seconde en prose. — 2 vol. épuisés.

Le vaillant Justicier, comédie de Moreto, traduite de l'espagnol, avec une Notice bibliographique sur le théâtre de l'auteur.

A Turc, Turc et demi, comédie-proverbe, en vers, imitée de Miguel de Cervantes. — 1 vol. épuisé.

La Vengeance d'une veuve, l'Exorcisée. René le Solitaire, nouvelles imitées de Miguel de Cervantes.

Le Juge de sa propre cause, le Jardin merveilleux, nouvelles traduites de Maria de Zayas.

Guzman le Bon, biographie traduite de Quintana. — 1 vol. in-32, épuisé.

José Maria, biographie. — 1 vol., publié dans l'*Estafette*.

John Barry, biographie traduite de Fenimore Cooper.

Nouvelles américaines.

LAGNY. — Typographie de A. Varigault et Cie.

ERRATA

Quelques fautes insignifiantes se sont glissées dans l'impression de cette pièce; nous aurions laissé au lecteur le soin de les corriger, si les dernières n'étaient assez graves pour avoir besoin d'être relevées.

Page 3. — Premier vers de la scène III.

Au lieu de : Encore un *déjeuner !*...
lisez : Encore un déjeuné !

Page 5. — Quatrième vers.

Au lieu de : *Ils* lui rendent honneur ...
lisez : Et lui rendent honneur.

Page 50. — Deuxième vers.

Au lieu de : *Accepte* pour compte...
lisez : Il accepte pour compte.

Page 60. — Premier vers.

Au lieu de : Oui, je veux essayer *de ce public dimanche*
lisez : Oui, je veux essayer du public du dimanche.

Page 66. — Quatorzième vers.

Au lieu de : Mais bientôt vous verrez votre *budjet* enfle...
lisez : Mais bientôt vous verrez votre budget enfle.

Page 68 — Deuxième avant-dernier vers.

Au lieu de : Dans *votre compte* d'huissier ..
lisez : Dans vos comptes d'huissier.

ERRATA

Quelques fautes insignifiantes se sont glissées dans l'impression de
cette pièce; nous aurions laissé au lecteur le soin de les corriger, si
les dernières n'étaient assez graves pour avoir besoin d'être relevées.

Page 3. — Premier vers de la scène III.

Au lieu de : Encore un *déjeuner !*...
lisez : Encore un déjeuné !

Page 5. — Quatrième vers.

Au lieu de : *Ils* lui rendent honneur....
lisez : Et lui rendent honneur.

Page 50. — Deuxième vers.

Au lieu de : *Accepte* pour compte...
lisez : Il accepte pour compte.

Page 60. — Premier vers.

Au lieu de : Oui, je veux essayer *de ce public dimanche*,...
lisez : Oui, je veux essayer du public du dimanche.

Page 66. — Quatorzième vers.

Au lieu de : Mais bientôt vous verrez votre *budjet* enflé...
lisez : Mais bientôt vous verrez votre budget enflé.

Page 68. — Deuxième avant-dernier vers.

Au lieu de : Dans *votre compta* d'huissier....
lisez : Dans vos comptes d'huissier.

OUVRAGES DE M. ARTHUS FLEURY

POUR PARAÎTRE EN FÉVRIER :

Timon d'Athènes, drame en cinq actes, de William Shakspeare, traduit littéralement en vers, et précédé de réflexions critiques sur le chef-d'œuvre du poëte anglais comparé au *Misanthrope* de Molière. 1 vol. in-18.

ET SUCCESSIVEMENT :

Aventures d'un Casse-Noisettes, conte fantastique d'Hoffmann, traduit de l'allemand. 1 vol. in-18.

Voyage d'un Célibataire à la recherche d'une femme. 1 vol. in-18.

La Roue de la Fortune. 1 vol. in-18.

Christ et Pape. 1 vol. in-18.

Les Malandrins, ou la France sous Charles V, action dramatique en six parties, en vers. 1 fort vol. in-18.

Récits d'un Voyageur, France, Belgique, Hollande, Prusse rhénane, Angleterre, Italie, Sicile, Espagne, Antilles françaises et anglaises. 10 vol. in-18.

LAGNY. — Typographie de A. VARIGAULT et Cⁱᵉ

www.ingramcontent.com/pod-product-compliance
Lightning Source LLC
LaVergne TN
LVHW012205170726
843503LV00005B/1898